VILLON

Ballades
en argot homosexuel

Édition bilingue établie par
Thierry Martin

Couverture et illustrations de
Piercarlo Foddis-Boï

ÉDITIONS MILLE ET UNE NUITS

VILLON
n° 188

Texte intégral

ISBN : 2-84205-192-0

Sommaire

Le Bref Langage

A Stéphane Br.

L'ARGOT DE VILLON* n'est pas tout à fait l'argot des coquillards : c'est le *brief langaige* *, dont usaient les prostitués pour tromper la police et les clients [1]. Le Coquin [prostitué] de la *Sotie des premiers gardonnés* (Trepperel 13) parle en bref langage, ainsi que les protagonistes du *Dialogue de Gautier* et Martin* (Aebischer). Malgré de nombreux emprunts, cet argot ne doit pas non plus être confondu avec le jobelin *, jargon homosexuel né en Picardie à la fin du XIIIe siècle, et dont le théâtre normand s'est beaucoup servi [2].

---

1. Pierre Guiraud a donné une traduction homosexuelle des *Ballades* I à VI.
2. Toutes les *Sotties* sont en jobelin : voir Ida Nelson.

Les ballades en argot se présentent comme des variations d'un jeu homosexuel [1] qui repose sur deux règles : A) Il est défendu de sodomiser un homme en érection. B) Tout en se protégeant lui-même, le joueur doit tenter de désarmer buccalement son adversaire afin de le sodomiser [2].

L'ordre des ballades. La *Ballade* VII (ms. de Stockholm) a quatre vers communs avec la *Ballade* I (édition Levet). Toutes les strophes de ces deux poèmes sont bâties sur les rimes ababbccdcd, sauf la strophe initiale de la *Ballade* I : ababbcbbcb. Cette alternance unique fut imposée à Villon par les rimes des quatre vers qu'il tira de la *Ballade* VII :

VII	rimes	ABaBBccdcd
	vers communs aux 2 ballades	12 45
I	rimes	ABabBcbBcb
	vers de la *Ballade* VII.	12 4 5

En outre, la *Ballade* I, pensée en octosyllabes, fut contaminée par le décasyllabe de la *Ballade* VII : on en trouve sept dans sa première

1. Ce mot récent convient mieux que « pédérastique » : chez Villon, l'amour est un combat d'adultes. De même, j'écrirai *sodomiste* pour *sodomite actif* (Jodelle dit : « Prester le cul au bougre SODOMISTE »), et *sodomisé* pour *sodomite passif*.
2. Dans un article mémorable sur l'homosexualité de Villon, Christine Martineau-Génieys reconnaît que ces ballades « semblent parcourues d'une hantise : sodomiser, mais ne pas l'être ».

strophe (dont les quatre que j'ai dits), et trois ou quatre seulement dans les autres.

Les huit premiers vers de la *Ballade* I sont donc un développement des cinq premiers vers de la *Ballade* VII, qui par conséquent fut écrite d'abord. Villon fit deux séries distinctes de ballades, et Levet imprima une copie de la seconde. L'ordre d'écriture semble être le suivant :

VII, VIII, X	I, II, III, IV, V, VI
ms. Stockholm	édition Levet

Quant aux ballades apocryphes (IX et XI), composées avant que les autres fussent connues du public, elles pourraient être le modèle dont s'inspira Villon, qui piochait beaucoup chez ses contemporains : on y décèle une pratique plus quotidienne et moins littéraire de l'argot des prostitués. Je me demande si elles ne sont pas l'œuvre de Colin de Cayeux* : 1) Il était homosexuel [1]. 2) Ces ballades contiennent de nombreux picardismes (Colin venait de Picardie). 3) Elles croulent sous les procédés (il avait fait sa Rhétorique). 4) Elles s'entremêlaient à celles de Villon dans un même manuscrit (donc, les auteurs se fréquentaient).

DATES. Si cette hypothèse est bonne, la première série date d'avant 1457, où François et Colin se

1. Voir Jean Dufournet, p. 245.

séparèrent définitivement après le cambriolage du collège de Navarre. Je la placerais même avant l'année 1456, consacrée à l'écriture du *Laiz* [1]. Dans le manuscrit, elle précède aussi le *Laiz.*

La seconde série fut faite longtemps après la première, que Villon ne possédait plus puisqu'il voulut vainement la reproduire de mémoire. Nous sommes alors en 1461 : la *Ballade* II, lue au premier degré, mentionne la pendaison de Régnier de Montigny * (en 1457) et de Colin de Cayeux, fin 1460 ou début 1461. C'est entre cette date et la fin de 1461 (Villon s'attaque alors au *Testament)* qu'on peut situer les ballades de l'édition Levet : après le *Testament,* il n'y aura plus que quelques poèmes de circonstance.

LE DÉCHIFFREMENT. Il va de soi que nous n'avons aucun dictionnaire d'un jargon qui était essentiellement parlé, et qui en plus bafouait la pudeur [2]. J'ai déchiffré le *bref langage* en faisant appel aux deux

---

1. Villon prétend avoir commencé le *Laiz* à Noël 1456. On croit aujourd'hui que cette affirmation est un alibi, car il commettait son cambriolage le même jour. Le début du *Laiz* pourrait bien avoir été écrit en dernier, comme le début du *Testament* (v. Italo Siciliano). Sa plus grande partie serait donc un peu antérieure à Noël.

2. Le premier lexique d'argot, établi par le procureur Rabustel en 1455, s'applique aux brigandages des coquillards de Dijon, et non à leurs coucheries.

seules méthodes qui aient jamais permis de déchiffrer une langue inconnue : la comparaison, et la déduction. Au début, je me suis appuyé sur les mots déjà définis par les dictionnaires ou par les écrivains de l'époque : ance [pénis], bas ["], blandy [caressé], breneux, cas [pénis], coquille ["], cuir ["], dance [coït], dorer [encrotter], droguerie [aphrodisiaque], escorné [impuissant], faire [foutre], foire [diarrhée], fournir [pénétrer], haire [pénis], hanter [greffer], Jehan [pénis], jouer [coïter], lifres [lèvres], lombart [homosexuel], mal [pénis], pellé [décalotté], pis [pénis], plastre [sperme], proye [cul], quarré [érigé], quille [pénis], rembourreur [coïteur], siège [cul], vent [pet]... D'autres mots ont conservé jusqu'à aujourd'hui leur double sens érotique : bout [pénis], deux [testicules], enclouer, endosses [fesses], farcir, bien fourny [membré], gaudir [goder], grappe [parties génitales], se griffer [se masturber], jonc [pénis], oingnon [anus], piperie [pipe], etc. Le reste de mes déductions se fonde sur l'étymologie, l'analogie, les dialectes, la rhétorique, la versification, la prononciation, mais aussi les mathématiques : le glossaire est une grille de lecture statistiquement exacte qui s'adapte sur toute la poésie en *bref langage* d'une façon quasi mécanique.

MA TRADUCTION tâche de restituer les métaphores sexuelles de l'original dans le même double registre.

Ainsi, dollequin [poignard/pénis] est traduit par sabre ; denier [sou/anus] par rond ; duc [oiseau/pénis [1]] par oiseau ; ravault [bâton/pénis] par bâton; suc [jus/sperme] par sève… Comme l'a remarqué Pierre Guiraud dans son *Dictionnaire érotique*, les métaphores sexuelles sont tirées d'un nombre limité de registres : depuis toujours et dans tous les pays, les armes et les objets pointus désignent le phallus ; les objets ronds ou creux désignent l'anus ; les liquides désignent le sperme. Pour peu qu'on ait le sens propre d'un terme employé par Villon, il est facile d'en deviner le sens figuré.

MON ADAPTATION est volontiers argotique, pour coller davantage au texte, et pour placer le lecteur moderne dans la même position que le lecteur du XVe siècle. Les puristes et les paresseux me reprocheront de ne pas m'en être tenu à une traduction « médicale » appelant un pénis un pénis et une fellation une fellation ; elle eût été fort ennuyeuse, et peu fidèle à l'esprit de Villon. Les amateurs de mot à mot n'auront qu'à se reporter au glossaire. J'ai voulu faire passer dans mon travail, sinon un souffle poétique, du moins un petit vent de jouissance ludique. Si j'y suis parvenu, Villon n'en sortira pas trop diminué.

1. De tout temps, on a représenté des phallus ayant des ailes au lieu de testicules.

ABRÉVIATIONS

* = Mot se trouvant à la table des noms propres, p. 75
Coq. = Guillaume Coquillart. Œuvres citées :
Le Plaidoïé d'entre la Simple et la Rusée (1478 ?)
Les Droitz Nouveaulx (1480)
Blason des Armes et des Dames (1498 ?)
Le Monologue des perrucques (attribué à Coquillart ; ap. 1480)
Ctp = Contrepèterie.
(ÉRO) = *Dictionnaire érotique* de Pierre Guiraud.
F [Fauchet] = Manuscrit de Stockholm, un peu avant 1480. Unique source des *Ballades en argot* VII à XI.
(GUI) = D'après Pierre Guiraud.
I [Imprimé] = Édition de Pierre Levet, 1489. Première source des *Ballades en argot* I à VI.
J.d.m. = Jeu de mots.
LV = Manuscrit La Vallière.
(NEL) = D'après Ida Nelson.
Rab. = Rabelais.
***T*.193** = Le *Testament* de Villon, vers n° 193.
Les **chiffres romains** désignent les *Ballades en argot* de Villon : IV 12 = quatrième *Ballade*, vers n° 12.

VILLON

Ballades en argot homosexuel

Le jargon et jobellin* dudit Villon*[1]

1. Titre de l'édition Levet.

BALLADE VII

En parouart, la grant mathe gaudye,
Où acollés sont caulx et agarciz.
Nopces ce sont, c'est belle mélodie !
Là sont beffleurs au plus hault bout assis,
Et vendengeurs des ances circoncis,
Comme servis sur ce jonc gracïeux
(Dance plaisant et mès délicïeux).
Car coquillart n'y remaint grant espace
Que, vueille ou non, ne soit fait *des sïeurs*[1].
Mais le pis est marïage : m'en passe !

Rebourcez tous, quoy que l'en vous en dye,
Car on [n']aura beaucop de vous mercys :
Ronde n'y vault ne plus qu'en Lombardie*.
Eschec, eschec pour ces coffres massis !
De gros barreaulx de fer sont les châssis :
Poste à Gaultier*[2], si, ser[r]ez ung peu mieulx ;

---

1. D'AIS SCIEUR = scieur de planches [sodomiste]. *Monologue des sotz joyeulx* (Mont. III) : « Sotz maistres [Homos actifs] comme CIEURS D'AICTZ. » Idem VIII 27. SIEURS rime en *-eux* par suite de l'amuïssement du **r**.
2. Coq., *Blason* 382-7 : « On rit [sodomise], on raille ["], on sorne ["], on dit [suce],/On fume [encrotte des culs], on a POSTE À GAULTIER *. »

VII BALLADE DES PLANTEURS DE CULS

Dans un fessier gode le grand mât
Où sont empalés les bandeurs et les triqueurs [1].
C'est une partouze, c'est un beau concert de pets !
Il y a là des brouteurs dont le bout le plus haut [2]
est assis [dans un cul],
Et des vendangeurs [de foutre] dont ils ont décalotté
le levier [3],
Comme servis sur ce jonc viril
(Danse phallique et mets délicieux).
Car un encoquilleur ne reste pas longtemps
Sans être fait (qu'il le veuille ou non) scieur de culs ;
Mais le pire est d'être labouré : je m'en passe !

Rebandez tous, même si on vous a sucés,
Car on n'aura pas tellement pitié de vous.
Une « rondelle » n'y vaut pas plus que chez
les prêteurs de foutre.
Gare, gare pour ces derrières fessus !
De gros barreaux durs comme fer sont les châssis :
Aussi, branlez un peu mieux la poutre à Gautier-
le-fouteur ;

1. Ces périssologies continuelles, portant sur des mots ou sur des vers, facilitent le décodage : il suffit d'avoir le sens d'un des synonymes pour comprendre l'autre.
2. Le bout le plus haut d'un pénis en érection, c'est le gland. D'où le fameux « baston à ung bout ».
3. Qu'ils ont sucés.

Plantez picquons sur ces beaulx-sires-dieulx ;
Luez au bec[1], que roastre ne passe,
Et m'abatez de ces grains, neufz et vieulx.
Mais le pis est marïage : m'en passe !

21 Que faictes-vous toute ménestrandie ?
Antonnez poix ès[2] marques, six à six[3],
Et les plantez au bien, en paillardie.
Sur la sorne que sires ont[4] rassis,
Sornillez-moy ces georgetz si farciz ;
Puis eschéquez, sur gours passans, tous neufz.
De semoyer[5], soiez beaucop breneulx.
Plantez voz hiscz jusques pellé[6] rappasse,
Car qui est grup, il est tout roupïeulx.
Mais le pis est marïage : m'en passe !

---

1. *Gautier et Martin* (Aeb. p. 169) : « LUE AU BEC, [en étant] ferme de la mouze [gland] ;/Chante quatre [Suce le phallus] pour ces becqués [bandeurs] ! »
2. F : *et*.
3. SIS [installés] A SIX [dans un anus]. *T.*1980 : « À folz [homos], folles ["], à sotz ["], à sottes ["]/(Qui s'en vont cyfflant [buvant], SIX A SIX,/À vécyes [verges] et mariottes [marotte = verge]). »
4. F : *sont* (L'accord du participe RASSIS est normal).
5. F : seyme oyez (Ce poème a été dicté – les copistes travaillaient par deux quand ils étaient pressés : toutes les erreurs sont phonétiques).
6. F : *elle* (qui ne se rapporte à rien : le défaut d'accents a fait lire *pelle* au clerc qui dictait). REPASSER LE PELÉ = aiguiser le pelé <VIII 4>.

Plantez vos crocs dans ces priapes [pour les sucer] ;
Embouchez la trompette afin qu'un endauffeur ne
vous pénètre pas,
Et répandez-moi ces « pollens », [que vous soyez]
jeunes ou vieux[1].
Mais le pire est d'être labouré : je m'en passe !

Pourquoi ne faites-vous que souffler dans les
« flûtes » ?
Enfoncés dans un trou, remplissez des anus avec
votre poinçon,
Et [ce poinçon,] plantez-le au fion virilement.
Sur votre pine que les maladroits ont durcie[2],
Pinez-moi ces enculaillons si bien farcis ;
Puis mettez en échec sur vos gros épieux des anus
novices.
Pour avoir fait perdre de la semence, ayez le dard
bien breneux.
Plantez votre poireau de manière à vous aiguiser
le chauve,
Car celui qu'on a désarmé aura le cul merdeux.
Mais le pire est d'être labouré : je m'en passe !

1. Actifs ou passifs.
2. En tentant de la ramollir par une fellation malhabile. Ce sera le thème de la *Ballade* VI.

31 Prince* planteur, dire verté vous veulx.
Maint coquillart, pour les dessusditz veulx,
Avant ses jours [1] piteusement trespasse,
Et à la fin en tire ses cheveulx.
Mais le pis est marïage : m'en passe !

1. SÉJOUR = pénétration. *Pour le cry de la Bazoche* (Picot 28) : « Accomplir l'amoureux SÉJOUR. »

Prince planteur, je veux vous brouter l'asperge.
Pour [avoir eu] cette ambition, plus d'un
encoquilleur
Débande piteusement avant d'avoir foutu,
Et, sodomisé, s'arrache les cheveux [1].
Mais le pire est d'être labouré : je m'en passe !

---

1. Le sodomisé appuie sa tête (et ses cheveux) dans ses mains pour éviter le contact du sol.

BALLADE VIII

Vous qui tenez voz terres et voz fiéfz
Du gentil roy *davÿot* appellé,
Brouez au large et vous esquarrissez;
Et gourdement aiguisez le pellé.
....................................[-lé]
Pour les esclats qui en pevent issir,
Rongnez[1] ce jonc où l'en fait maint souppir.
Mines taillez, et chaussez voz bésicles :
Car en aguect sont, pour vous engloutir,
Anges bossus, rouastres et scaricles.

11 Coqueurs de pain[2] et plommeurs affectez,
Gaigneurs aussi, vendengeurs de costé,
Bélistrïens perpétuelz des piéz,
Qui sur la roue avez lardons clamé
En jobelin*, où vous avez esté
(Par le terrant, pour le franc) bout quérir;

1. F : *Regardez* (Avec deux abréviations par lesquelles le copiste a cru restituer un mot illisible. *Laiz* 239 : « Chausses [Verges] courtes, robe ["] RONGNÉE. ») L'EN = L'AN [l'anus].
2. Cf. : « J'ay mon PAIN CUYT », *T.*1621. Le sujet sous-entendu de cette longue phrase est VOUS : «[Vous] qui avez réclamé des lardons et qui avez tendu au pain et aux ménicles, [vous] affectez les coqueurs, les plombeurs, les gagneurs, les vendangeurs et les bélîtriens. »

VIII BALLADE DES EMMANCHÉS

Vous qui soutenez votre terrier et votre sillon
Avec le viril rayon appelé crochet-à-serrures :
Faites décharger au loin et mettez-vous en érection ;
Puis aiguisez-vous fermement le chauve.
[Sans avoir de crainte]
Pour les jets qui peuvent en sortir,
Rongez ce jonc sur lequel votre anus pousse plus
d'un soupir[1] ;
Taillez des plumes et fourrez l'œil-de-bronze,
Car pour vous emboucher sont aux aguets
Les loubards membrés, les endauffeurs et
les bandeurs.

Vous recherchez les fourreurs de « baguette » et
les tringleurs,
Les récolteurs [de foutre], les vendangeurs
de souches
[Et] les mendieurs d'anus à la cheville inépuisable,
[Vous] qui, sur le pal, avez réclamé des broches
En jobelin[2], [partout] où vous êtes allés
(Au nom de votre terrier) bander des arcs pour votre
cible ;

1. Villon, *Louenge à la court* [l'érection] 15 : « Fondez larmes [Répandez du sperme] et venez à mercy [sur leur phallus], / Com humble cueur [cul] qui tendrement SOUSPIRE. »
2. Réclamer des lardons en jobelin = Réclamer des pénis.

Et [qui] aussi, pour la merque fournir,
Avez tendu au pain et aux ménicles.
Pourtant se font adoubter et crémir
Anges bossus, rouastres et scaricles.

21 Rouge goujon, farges embabillés,
Gueulx gourgourans par qui gueulx sont gourés
Quant abrouart sur la sorne abrouez :
Levez les sons et si tastez lesquelz,
Qu'i n'y ait ans [1] desclavés empavés
En la vergne quant [2] vostre an veult loirrir :
Car *des sïeurs* [3] pourriez bien devenir,
Se vous estiez happés en telz bouticles !
Pourtant se font ataster et crémir
Anges bossus, rouastres et scaricles.

---

1. F : *anges* (Césure épique ; les deux autres exemples <I 14 et IX 35> sont suspects).
2. F : *ou* (= Au moment où <V2> ; mais « vergnë où » produit un hiatus). Le ms. de base devait être taché à cet endroit.
3. D'AIS SCIEUR. Voir VII 9.

Et qui aussi, pour vous enfourner un poinçon,
Avez tendu [vos filets] sur les saucisses et les
goupillons.
Pourtant ils se font redouter et écrémer,
Les loubards membrés, les endauffeurs et les
bandeurs.

Faux niqueur[1], emmanchés de la boucle,
Entonnoirs à bites par qui d'autres passifs sont
trompés
Quand vous répandez le bouillon sur votre pine :[2]
Levez votre bout et branlez-le en effet,
Pour qu'il n'y ait pas d'anus en quête de clous
empaffé
Sur votre verge quand votre anus veut appâter
[des pénis] :
Car vous pourriez bien devenir scieurs de culs,
Si vous étiez happés dans de pareilles boutiques !
Pourtant se font branler et écrémer
Les loubards membrés, les endauffeurs et les
bandeurs.

---

1. Le ROUGE GOUJON [pénis menteur] se fait passer pour actif mais oblige ensuite son partenaire passif à le sodomiser : c'est le contraire du ROUGE GUEUX <IV 4>.
2. Pour ne pas pouvoir les sodomiser.

31 Prince* : Planteurs, et bâilleurs de saffir
(Qui sur les dois font la perle blanchir[1]),
Bélistrïens, porteurs de vironicles :
Sur toutes riens doivent telz gens crémir
Anges bossus, rouastres et scaricles.

1. F : *blandir* [caresser].

Prince : Les planteurs, les suceurs de foutre
(Qui font blanchir la goutte [de sperme] sur les
dards),
Les mendieurs d'anus et les porteurs de petits trous [1]
Doivent par-dessus tout être écrémés
Par les loubards membrés, les endauffeurs et les
bandeurs.

1. Ceux qui portent des anus sur leur pénis. La rime bésicle-ménicle-vironicle fut employée par Jehan Molinet dans la *Devise de Jehan du Gaughier*.

BALLADE X

Brouez, bénards ! Eschecquez à la saulve :
Car escornés vous estes, à la roue.
Fourbe, joncheur : Chascun*, de vous, se saulve !
Eschec, eschec coquille si s'embroue[1] !
Cornette court, nul planteur ne s'i joue.
Qui est en plant en ce coffre joyeulx,
Pour ces raisons il a ains qu'il s'escroue,
Jonc verdoiant, havre du marïeulx.

9 Maint coquillart escorné de sa sauve
Et desbousé de son ence ou [sa] poue
(Beau de bourdes, blandy de langue fauve),
[Il fait][2], au ront, faire aux grimes la moue
Pour quarer bien affin qu'on ne le noue ;
Couplez vos trois à ses beaulx-sires-dieulx,
Ou vous aurez le riffle en la joue,[3]
Jonc verdoyant, havre du marïeux.

---

1. F : *sen broue.*
2. F : *Quide* (Cf. VI 28 : « FAIT aux sires faire la moue. ») Le vers contient un double datif : il fait faire *aux grimes* la moue *au ront.*
3. Ctp : la roue en la giffle (même sens). L'hiatus « rifflë en » serait évité avec RIFFAULT, mais on perdrait la ctp.

X BALLADE DES ESQUIVEURS DE BITES

Faites déchargez, maladroits ! détendez les arbalètes,
Car devant la « rondelle », vous êtes démâtés.
Du faux inverti et de l'épongeur abritez-vous,
apprentis fouteurs :
Gare, gare si votre zoziau s'enfoutre !
[Quand] l'anus court, nul planteur n'y jouit.
Celui qui est planté dans ce gay postérieur
A par conséquent, avant de s'y visser,
La tige raide (refuge du laboureur) [1].

Plus d'un enculeur démâté de cette sauvegarde
Et privé de son levier ou de son membre
(Indisponible du javelot, [ayant été] caressé par une
langue traîtresse),
Fait [un peu] butiner sa perche aux brouteurs
Pour bien rebander afin qu'on ne l'enfile pas ;
Couplez votre flèche à son priape [2],
Sinon vous aurez dans la bouche son bâton,
Sa tige raide (refuge du laboureur).

---

1. C'est-à-dire qu'il n'est pas démâté devant la rondelle, lui. Sa tige raide est un refuge car on n'a pas le droit de sodomiser un homme en érection.
2. Mettez-les dans le prolongement l'un de l'autre. Cf. I 19.

17 Qui stat plain en gaudië ne se mauve :
Luez au becq, que l'en ne vous encloue.
C'est mon advis. Tout autre, conseil sauve,
Car quoy aucun de la faulx ne se loue :
La fin[1] en est telle qu'on [s'en] déloue ;
Car qui est grup il a, mais c'est au mieulx,
Par la vergne tout au long de la voue,
Jonc verdoiant, havre du marïeulx[2].

25 **V**ive David ! saint-Archquin* la baboue !
Iehan *[3] mon amy, qui les fueilles desnoue !
Le vendengeur, beffleur comme une choue,
LOing de son plain, de ses flos curïeulx,
Noë beaucop (dont il reçoit fressoue)
Jonc verdoiant, havre du marïeulx.

---

1. FIN = Résultat, et Sodomie.
2. *Gautier et Martin* (Aeb. p. 168) : « Le MARIEUX m'eust advancé [enfoncé] / TOUT AU LONG les JONCS VERDOIANS. »
3. JEAN. L'envoi porte VILLON en acrostiche. Les cinq autres envois signés de la sorte laissent supposer qu'entre les vv. 28 et 29, il manque un vers commençant par *O-* et finissant par *-oue*.

Que celui qui se tient fermement en érection ne
    puisse remuer :
Embouchez sa trompette pour qu'elle ne vous
    encloue pas l'anus.
C'est mon avis. Tous les autres sauvent leur poinçon,
Car aucun figne ne se félicite d'un coup de lame.
Le résultat en est tel qu'on se le reproche :
Car celui qui s'est laissé débander a, au mieux,
Grâce à cette verge tout au long de son rectum,
Une tige raide [1] (refuge du laboureur).

Puisse-t-il goder, mon crochet-à-serrures,
    saint-Foutin-la-Baisouille,
Mon ami Popaul, qui déplisse les anus !
Le vendangeur [de foutre], le bec ouvert comme une
    chouette,
[Quand il est] loin de bander et [qu'il est] jaloux de
    ses flux,
Fait beaucoup nager [dans sa bouche] (ce dont il
    reçoit un frisson)
La tige raide, refuge du laboureur.

1. Il a une tige raide, mais ce n'est pas la sienne...

BALLADE I

À parouart, la grant mathe gaudie[1],
Où accollés sont duppes et noirciz :
Par[2] les anges suivans la paillardie
Sont greffiz et prins, cinq ou[3] six.
Là sont beffleurs au plus hault bout assis
Pour le hévaige[4], et bien hault mis au vent.
Eschéquez-moy tost ces coffres massis :
Car vendengeurs des ances circuncis
S'en brouënt du tout à néant.
Eschec, eschec pour le fardis !

11 Brouez-moy [sus ces][5] gours passans ;
Advisez-moy bien tost le blanc,

1. Gaudie-paillardie est la seule rime féminine.
2. I : *Et par.*
3. OU est souvent mis pour AU : « OU temps de ma jeunesse folle. » (GUI)
4. I : *euaige* (« lë évaige » [l'arrosage] produit un hiatus).
5. I : *sur.*

I[1] BALLADE DES COGNEURS DE PETITS CULS

Dans un fessier gode le grand mât
Où les dupes sont empalés et encrottés ;
Par les loubards qui suivent [les règles de] l'homosexualité active,
[Les dupes] sont branlés et pris, une flèche dans le mille.
Il y a là des brouteurs dont le bout le plus haut est assis [dans un cul]
Pour le crochetage, et mis bien profondément dans une « rose-des-vents » :
Domptez-moi vite ces derrières fessus ;
Car les vendangeurs [de foutre] dont on a décalotté le levier [pour le sucer]
S'éloignent des trous à merde.
Gare, gare à votre derche !

Faites-moi décharger ces gros épieux ;
Visez-moi bien vite la cible,

1. Michel Larivière a publié les *Ballades* I et XI dans son anthologie de la littérature homosexuelle.

Et piétonnez au large sus les champs,
Qu'au mariage ne soiez sur le banc,
Plus q'un sac n'est de plastre blanc.
[Mais] si gruppés estes [des carïeux] [1],
Rebignez [2] tost ces enterveux
Et leur monstrez des trois le bris,
[Pour qu'enclavés] [3] ne soiez deux et deux :
Eschec, eschec pour le fardis !

21 Plantez aux hurmes voz picons,
De paour des bisans si très durs
Et aussi d'estre sur les joncs.
[Puis] enmahés [4] en coffres, en gros murs,
Escharicez [mais] ne soiez point durs,
Que le grant can [5] ne vous face essorer.
Songears ne soiez pour dorer,

1. I : *bes carirux* (BESCARIEUX pourrait être synonyme de biscariés [débandés]).
2. I : *Rebigues moy.*
3. I : *Quen claues.*
4. Plusieurs éditions anciennes donnent *emmathés* [mathe = pénis] ou *emmanchés.*
5. *Le Capitaine* [sodomiste] *Mal-en-point* [pénis en érection] (Cohen 49) : « [Que] le GRANT CAN de la Caire [pour phallus] / Vous doint vos plaisirs singuliers ! »

Et piétinez à l'aise ces sillons,
Pour qu'au moment des labours vous ne soyez sur
la sellette,
Plus blancs de plâtre séminal qu'une colonne [1].
Mais si on vous aspire votre érection,
Asséchez vite le butineur
Et brisez-lui la flèche,
Afin que vous ne soyez enclavés couilles contre
couilles :
Gare, gare à votre derche !

Plantez vos crocs dans les zobs,
De peur des biseaux tellement durs
Et aussi [de peur] de vous retrouver sur un jonc. [2]
Puis, enfoncés dans une « malle-arrière » entre
de grosses fesses,
Bandez mais ne soyez pas trop durs,
Que le grand Troudbal ne vous fasse déjanter.
Ne soyez pas distraits si vous voulez embouser
[des fesses],

---

1. *Farce de Pathelin* 364 : « Le marchant [sodomiste] n'est pas desvoyé [ne m'a pas sodomisé, ne s'est pas trompé de voie], / Belle seur, qui me l'a vendu [qui m'a fourni son drap (pénis)] : / Parmy le col [Par le pénis] soys-je pendu [sucé] / S'il n'est BLANC comme ung SAC DE PLASTRE ! »
2. Ou à genoux sur la paille.

Et babignez tousjours aux ys
Des sires pour les desbouser.
Eschec, eschec pour le fardis !

31 Prince* froart d'arques [1] petis :
L'un des sires si ne soit endormis,
Luez au bec, que ne soiez greffiz
Et que voz emps n'en aient du pis.
Eschec, eschec pour le fardis !

1. I: *dis arques.*

Et collez toujours vos lèvres au goulot
Des novices afin de les vider.
Gare, gare à votre derche !

Prince cogneur de petits culs :
Si l'un des novices n'est pas « endormi »,
Embouchez sa trompette pour que vous ne soyez
    branlé,
Et pour que votre anus ne soit pas battu.
Gare, gare à votre derche !

BALLADE II

Coquillars ruans[1] à ruel :
Men[2] ys vous chante [de garder][3]
Que n'y laissez et corps et pel,
Qu'on fist de Collin l'*escailler* :
Devant la roë babiller,
Il babigna pour son salut ;
Pas ne sçavoit oingnons peller,
Dont l'amboureux luy rompt le suc[4].

9 Changez [voz] andosses souvent,
Et tirez[-vous], tout droit, au temple ;
Et eschecquez tost en brouant,
Qu'en la jarte ne soiez emple.
Montigny* y fut par exemple
Bien ataché au hallegrup
(Et y jargonnast-il le tremple !),
Dont l'amboureux luy rompt le suc.

---

1. I : *enaruans.*
2. Forme picarde de MON, clin d'œil au Picard Colin de Cayeux*, qui apparaît au vers 4 dans un j.d.m. Villon lui prête la même mésaventure dans la strophe CLVI du *Testament*, avec un autre picardisme : vo chappeau.
3. I : *que gardes.*
4. ROMPRE LE SUC = faire jaillir le suc, et rompre le col [pénis]. (GUI)

II BALLADE DES ENCULEURS EN DANGER

Encoquilleurs qui vous ruez dans les rondelles :
Mon burin[1] vous chante de prendre garde
Que vous n'y laissiez votre pot et votre vit,
Ce qu'on fit à Colin l'ouvre-fesses :
Devant taper dans le rond,
Il suça pour [sauver] sa bague ;
[Mais] il ne sut pas ouvrir l'« oignon »,
D'où que le bourrineur lui fit gicler la sève.

Changez souvent [de place] vos arrières,
Et allez tout raides vers le saint « siège » ;
Et mettez en échec les pénis en les faisant décharger,
Pour que vous ne soyez pas remplis par un nœud :
C'est ainsi que Montigny fut
Solidement rivé à une bouche
(Et Dieu sait s'il y balança le bouillon !),
D'où que le bourrineur lui fit gicler la sève.

1. Le sexe de Villon ne menace pas l'encoquilleur mais témoigne d'une désagréable expérience.

17 Gailleurs [bien] faitz en piperie
Pour ruer les ninars au loing :
À l'assault[1] tost sans suërie,
Que les mignons ne soient au gaing
[Mais] farciz d'un plumbis à coing.
[Pour ce,] qui griffe au gard le duc
Est[2] de la dure si très loing,
Dont l'amboureux, luy rompt le suc.

25 Prince* : arrière du ruel !
Et n'eussiez-vous denier ne pluc,
Qu'au[x] giffle[s] ne laissez l'appel
Pour l'amboureux qui rompt le suc.

---

1. I : *la sault.*
2. I : *Et* (Le bord gauche du ms. qu'imprima Levet devait être abîmé à cet endroit. En plus, la ballade fourmille d'erreurs phonétiques).

Tringleurs experts dans l'art de la pipe
Pour enculer profondément les débutants :
Vite ! à l'assaut sans qu'on fasse cracher votre
queue,
Afin que les jules ne soient pas à ce festin,
[Mais qu'ils soient] farcis d'un poinçon à bagouzes.
Car celui qui branle l'oiseau du fouteur
Est bien loin de la terre [1],
D'où qu'au bourrineur il fait gicler la sève.

Prince, éloignez-vous des anus !
Et puissiez-vous être né sans « rond » ni pastille,
Pour que vous ne laissiez pas votre banane entre
deux joues [2]
A cause du bourrineur qui fait gicler la sève.

---

1. Il n'est pas près de s'agenouiller en posture sodomitique ! Le refrain de cette strophe très corrompue variait sans doute, comme celui de l'envoi.
2. Si vous n'aviez pas d'anus, on ne vous sucerait pas pour vous sodomiser. LA PEL = le pénis.

BALLADE III

Espélicans [1]
Qui en tous temps*
Avancez dedans le pogoiz [2]
Gourde pïarde [3],
Et, sur la tarde,
Desboursez les pouvres nÿais :
[Pour que vous soustenez] [4] voz pois,
Les duppes sont privés de caire
Sans faire haire
Ne hault braire ;
Metz, plantés ilz sont comme joncz
Par les sires qui sont si longs.

13 Souvent, aux arques,
De [5] leurs marques
[Ilz] se laissent tous desbouser
Pour ruer,

---

1. I : *Spelicans* – Édition Bineaut (1490) : *Sepelicans* (La prosthèse était fréquente au début des mots en *sp-* : espécial, espadassin…).
2. Il faudrait une rime en *-arde* : peut-être LA POCARDE (poche) ?
3. *Sotie des premiers gardonnés* (Trepp. 13) : « Chascun met la main [verge] à la souille [bourbier = rectum], / Et brouons [nous nous ruons] à GOURDE PYENCHE. » Coq., *Perruques* 111 : « Pier [Sodomiser] de la plus GOURDE PIE. »
4. I : *Et pour soustenir* (qui fausse la mesure et la syntaxe).
5. I : *A*.

III BALLADE DES LÉCHEURS

Lécheurs de « sucettes »
Qui à chaque bandaison
Enfoncez dans votre gosier
De grosses pioches,
Et [qui], en érection,
Videz les bourses aux niais dépourvus de culs :
Pour que vous teniez des « rustines » sous vous [1],
Les dupes sont privés de raideur
Sans [pouvoir] foutre leur zézette
Ni bander [bien] haut ;
Épuisés, ils sont plantés comme des joncs
Par des novices qui en savent long [2].

Souvent, devant les culs,
De leur poinçon
[Les dupes] se laissent priver
Au lieu d'enculer,

1. Ou bien : Pour que vous protégiez votre anus.
2. ÊTRE LONG = en savoir long, et avoir un long pénis.

Et enterver
Pour[1] leur contre, que lors faisons.
La fée, ès[2] arques, vous respons
Et [vous] ruë deux coups ou trois :
Aux gallois,
Deux ou trois
Nineront trèstous au[x] frontz,
Pour les sires qui sont si longs.

Pour ce, bevardz
Et[3] coquillars
Rebecquez-vous de la montjoye
(Qui desvoye
Vostre proye
Et vous fera du tout brouer)
Par joncher et enterver[4]
(Qui est aux picons bien chier[5])

1. À cause de.
2. I : *les* (LÈS = près de ; mais FÉ-E compterait pour deux syllabes). FAIRE LA CONTRE et RÉPONDRE sont des termes de polyphonie.
3. I met ce *Et* au début du vers précédent.
4. I coupe ce vers long en deux vers courts.
5. I : *chair* (CHIER = cher).

Et [se laissent] butiner
Par leur partenaire, que nous [les actifs], nous foutrions alors.
[Mais] le tricheur, dans votre cul[1], répond [à votre érection],
Et vous rue deux ou trois coups :
Les galants [que vous êtes],
Leurs couilles et leur bite
Se balanceront devant leur front[2]
Par la faute de novices qui en savent long.

Pour cela, des buveurs de « lait »
Et des encoquilleurs
Vous aspirez la bandaison
(Qui changerait d'emploi
Votre cul
Et vous ferait vous éloigner des trous)
Par épongeage et butinage
(Ce qui est pour les dents un plaisir recherché),

1. Villon s'adresse de nouveau aux *espélicans*.
2. À genoux, le sommet du crâne touchant la terre, les *espélicans* verront se balancer leurs attributs. Ces détails, comme ceux du VII 34, sont vécus.

Pour rifler
Et placquer
Les angelz de mal tous rons
Pour les sires qui sont si longs.

37 De paour des hurmes
Et des grumes,
Rasurez-vo[u]z en droguerie
Et faiërie,
Et ne soiez plus sur les joncs
Pour les sires qui sont si longs.

Afin de limer
Et de tamponner
D'un maillet tout rond ces loubards,
Au nom de novices qui en savent long.

De peur des verges
Et des bâtons,
Armez-vous d'aphrodisiaques [1]
Et de duperies,
Et ne vous retrouvez plus sur un jonc [2]
Par la faute de novices qui en savent long.

---

1. Comme le gingembre (*T.*1120). Au XVIe siècle, les homosexuels employaient l'artichaut : « Chascun d'iceulx ressemble / À ceulx de Sodome et Gomore. / (...) Et puys disent, tant sont naïfs, / Que c'est la mode du pays. / Et pour estre plus promps et chaulx, / En leur mal, usent d'ARTICHAULX », *Le Maistre d'escolle* (LV 69).
2. Ou à genoux sur la paille.

BALLADE IV

Saupicqués frouans des gours arques
Pour desbouser beaussire-dieux,
Allez ailleurs planter voz marques !
Bevards, vous estes rouges gueux :
Bérart* s'en va chez les joncheux[1],
Et babigne qu'il a plongis.
Mes frères, soiez embraieux
Et gardez les coffres massis !

9 Si gruppés [vous] estes des grappes,
De ces angelz si [gras de lifres][2]
Incontinant mantheaulx et chappes
Pour l'embou[r]e ferez éclipses ;
De voz farges serez bésifles,
Tout de bout [et] nompas assis[3].

---

1. I : *ioncheurs* (*-eur* annonce plutôt l'agent, *-eux* le patient).
2. I : *graueliffes.*
3. À SIX = Dans leur anus.

IV BALLADE DES ENCULÉS

Tamponneurs qui cognez de gros culs
Pour avoir vidé les priapes :
Allez ailleurs planter votre poinçon !
Fellateurs, vous êtes de faux passifs : [1]
Bérard-le-fourbe s'en va chez les pigeons
Et biberonne ceux qu'il a trompés.
Mes frères [2], ayez la bouche engluée de « résine »,
Puis sabrez les derrières fessus !

Si on vous écluse la grappe,
Aussitôt vous éclipserez [dans votre cul] [3] la poutre
et le gland
De ces loubards aux lèvres poissées
[par votre sperme]
Pour qu'ils vous bourrent.
Vous aurez le train qui vous sifflera,
[Vous serez] sur un bout et non pas enfoncés
[dans un séant].

---

1. *Le Capitaine Mal-en-point* (Cohen 49) : « Nous entendons [greffons] nostre latin [pénis] / Et sommes assez ROUGES GUEUX. » Cf. XI 6 : « Gueulx affinés. »
2. Villon parle au nom des dupes, contrairement au III 18, où il se vante quelque peu.
3. Ou bien : Vous ferez des éclisses (pour votre anus) avec… *Sottie de l'Astrologue* (Picot 7) : « Il est ÉCLIPSE [éçlisses] voyrement / En plusieurs lieux [culs], au temps* [érection] présent. »

Pour ce, gardez d'estre [en leurs griffes] [1]
Dedans [2] ces gros coffres massis.

17 Nïaiz qui seront attrappés,
Bien tost s'embrouëront [3] au halle.
Plus n'y vault que tost ne happez :
La baudrouse de quatre talle
(Destirer fait la hirenalle
Quant le gosier est asségis),
Et si, hucque [4] la pirenalle
Au saillir des coffres massis.

25 Prince* des gayeuls : [Luez marques] [5],
Que voz contres ne soient greffiz
Pour doubte de frouer aux arques.
Gardez-vous des coffres massis !

---

1. I : *griffez* (qui échappe aux assonances -ifres -ipses -ifles. On date la forme GRIFFE d'environ 1500, et nous n'avons ici que la prononciation parisienne de « grif » : l'éditeur l'a prise pour le participe de griffer <II 22>).
2. I : *En* – Édition Bineaut : *Dedans.*
3. I : *sen brouent.*
4. I : *hurcque.*
5. I : *les sarpes* (la mesure, la rime et la syntaxe réclament LUEZ MARQUES, qui est douteux : on attend plutôt un conseil de fuite, et *marques* rime déjà avec *arques* au début).

Pour cette raison, protégez-vous de leurs griffes
Au fond de ces gros derrières fessus.

Les niais qui seront attrapés
S'englueront bientôt [le pénis de sperme] à cause
d'un tarissage.
Que vous happiez une bite ne vaut pas mieux[1] :
La baudruche pousse [alors] d'équerre
(Quand le gosier est « assiégé »
Il fait s'étirer l'antenne),
Et ensuite elle heurte à votre guichet
À l'assaut des derrières fessus.

Prince des baiseurs : Sucez les plantoirs,
Pour que votre pilon ne soit pas branlé
Sur le soupçon de [vouloir] cogner dans un cul.
Fuyez les derrières fessus !

---

1. Villon s'adresse toujours à ses « frères » : une fellation incomplète ne désarme pas mais excite (v. « moue »).

BALLADE V

Joncheurs jonchans en joncherie :
Rebignez bien, où joncherez,
Qu'oste[1] n'embroue vostre arerie,
Où accollés sont voz ainsnéz.
Poussez de la quille[2] et brouez,
Car tost [vous] seriez rouppïeux.
Eschec qu'acollés ne soiez
Par la poë du marïeux !

Bendez-vous contre la faerie :
Quant vous auront desbousés
(N'estant à juc la rifflerie)
Des angelz et leurs assosés,
Bérard* si vous puist renversez !
Si greffir laissez voz carrieux,
La dure bien tost reverrez[3]
Pour la poë du marïeux.

---

1. I : *Quostac.*
2. Ctp : Pissez de la couille [Faites éjaculer le pénis]. Rab., *Gargantua* 5 : « Si ma COUILLE PISSOIT telle urine, la vouldriez-vous bien sucer ? »
3. I : *renuerses* (déjà employé deux rimes plus haut).

V BALLADE DES ÉPONGEURS

Épongeurs épongeant par épongeage :
Sucez bien quand vous épongerez,
Pour que ne décharge pas dans votre sillon l'« hôte »
Sur lequel les vieilles tantes sont empalées.
Croissez de la quille [1] et faites décharger,
Car vous auriez vite le cul merdeux.
Gare que vous ne soyez empalés
Par la cheville du laboureur !

Résistez à la duperie :
Quand vous auront vidés
(L'envie de limer n'étant [jamais] en repos)
Des loubards et leurs complices,
Culbutez Bérard-le-fourbe si vous pouvez [2] !
Si vous laissez branler votre équerre,
Vous reverrez bientôt la terre [3]
À cause de la cheville du laboureur.

1. Bandez. POUSSER est pris au sens botanique, comme taller au IV 20.
2. Ironique : Essayez donc un peu, si vous le pouvez encore !
3. Vous vous retrouverez à genoux en posture sodomitique.

17 Entervez à la floterie ;
Chantez leur trois sans point songer,
Qu'en [asts ne voiez] [1], en surie,
Blanchir voz cuirs et essurger ;
Bignez la mathe sans targer,
Que voz ans n'en soient r[o]uppïeux.
Plantez ailleurs contre sièges asségier [2],
Pour la poë du marïeux.

25 Prince* bevard en esterie :
Quérez couplaus pour ramboureux,
Et au tour [des ys luërie] [3]
Pour la poë du marïeux.

1. I : *astes ne soies.*
2. Vers altéré. L'édition Bineaut donne aussi un décasyllabe : « Allez ailleurs plantes voz [votre pénis] siéger [enfoncer]. » Cf. IV 3.
3. I : *de vos ys luezie.*

Buvez au robinet [des loubards],
Pompez leur flèche sans être distraits,
Pour qu'enfoutrés au bout d'une lance, vous n'ayez vu
Votre queue blanchir [de sperme] et décharger.
Sucez le mât sans le raidir,
Pour que votre anus n'en soit pas embrené.
Allez ailleurs assiéger des sièges,
À cause de la cheville du laboureur.

Prince écumeur en érection :
Cherchez des culs [1] pour [échapper aux] bourrineurs,
Et [cherchez] à faire aux sexes une gourmandise
Pour échapper à la cheville du laboureur.

1. Afin de vous y cacher <IV 16>. Cette strophe est obscure : QUÉREZ = cherchez ou bandez ; COUPLAUX = culs ou pénis (de *copula* : ce qui relie) ; POUR = pour, à cause, au lieu ; AU TOUR DE ne se lit pas forcément « autour de ».

BALLADE VI

Contres de la gaudisserie :
Entervez tousjours blanc pour bis,
Et frappez, en la hurterie,
Sus les beaulx sires bas assis[1].
Ruez des fueilles, cinq ou[2] six,
Et vous gardez bien de la roe,
Qui au[x] sires plante du gris
En leur faisant faire la moe.

9 La giffle gardez de rurie,
Que voz corps n'en aiënt du pis,
Et que point, à la turterie,
En l'hurme[3] ne soiez assis :
[Qui prent][4] du blanc laisse du bis !
Ruez par les fondes la poe,
Car le bizac avoir ad vis
Fait [aux bernars][5] faire la moe.

---

1. BAS À SIS = Votre pénis dans leur anus.
2. OU = au.
3. I : *la hurme.*
4. I : *Prens.*
5. I : *au beroars.*

VI BALLADE DES BUTINEURS MALADROITS

Compagnons de baise :
Sucez toujours la lime pour [avoir] les meules ;
Et pendant le pilonnage, frappez
Les beaux novices accroupis.
Plantez leur « chou », [mettez] votre flèche dans
le mille ;
Et gardez-vous bien des clystères,
Qui injectent du foutre aux novices
Après qu'ils les ont raidis en les suçant[1].

Préservez votre bouche d'une pénétration,
Pour que votre derche ne soit pas battu,
Et pour que pendant la tringlette
Vous ne soyez pas assis sur la verge :
Qui prend une lime y laisse [parfois] ses meules !
Enfoncez [plutôt] votre cheville par le fondement ;
Car lorsqu'ils ont un biseau dans la bouche[2],
Les maladroits [comme vous] le raidissent
[au lieu de le vider].

---

1. FAIRE LA MOUE : sucer un pénis pour le raidir. Je traduis le sens des refrains.
2. AD VIS = au visage.

17 Plantez de la mouargie[1]
Puis çà puis là pour l'urtis,
Et n'espargne[z] point la flogie
Des doulx dieux sur les pâtis.
Voz dens[2] soiënt assez hardis
Pour leur avancer la droe,
Mais [qu'ilz] soiënt mémoradis
Qu'on ne vous face faire la moe.

25 Prince* : Qui n'a [eu] bauderie
Pour eschéver de la soe
Danger de grup en arderie,
Fait aux sires faire la moe.

1. Le rythme des deux dernières strophes est aberrant. Villon n'eut pas le loisir de fignoler son ultime ballade en argot.
2. I : *ens* (DENT était parfois masculin : dens longz).

Mettez de la pommade
Çà et là pour [prévenir] l'irritation,
Et n'oubliez pas l'inflammation
Que recueillent les fragiles priapes sur les
« pâturages ».
Que vos dents soient assez hardies
Pour avaler la tige [des novices],
Mais qu'elles aient bien en mémoire
De ne pas la laisser se retirer avant l'éjaculation.

Prince : Celui qui n'a pas eu [assez] de hardiesse
Pour détourner de son nœud
Le danger d'être privé buccalement d'érection,
Oblige les novices à le butiner pour qu'il rebande.

DEUX BALLADES
ATTRIBUÉES À VILLON

BALLADE IX

Ung gier gallois[1] de la *Vergne Cygault* *
Lué l'autryer en brouant à la loirre,
Où gièrement on macquilloit riffault.
Et tout acop, veis jouer de l'escoirre
Ung marquonceau (atout deux gruppelins
Brouans au cay[2] atout deux walequins) :
Pour avancer au polliceur de pye,
Gaultier* lua la gauldrouse gaudye.
Et le marquin, qui se polye et coinsse,
Babille en gier en pÿant à la sye[3]
Pour les duppes faire brouer au mynsse.

---

1. F : *coys* (qui n'a rien à faire là. GALLOIS n'est pas sûr).
2. QUOY = anus.
3. Ctp : en sciant à la pye [avec le pénis].

IX BALLADE DES PARTOUZEURS[1]

Je suçai l'autre jour, me ruant dans son pressoir,
Un superbe minet de la *Verge qui gode*
(Où on s'encrotte joliment le navet).
Et tout à coup, je vis bander d'équerre
Un pilonneur *(A)* (auprès de deux épongeurs
Qui se ruaient dans le fion de deux tapettes) :
Au lieu de pénétrer la bouche du lécheur de bite *(B)*,
Gaultier-le-fouteur *(A)* lui suça le gode godaillant ;
Puis son « coin », qui se polit et bat la monnaie,
L'encule à fond en limant comme une scie et en
sciant comme une lime
Au lieu de laisser se ruer les dupes *(B)* dans le petit
trou.

1. Ce poème est probablement de Colin de Cayeux* <p. 7> : strophe jamais cultivée par Villon (la *Ball. contre les ennemis de la France* est douteuse), rimes picardes (vers 21, 32, 35 et 36, auxquelles il faut ajouter le picardisme « engandrer »), sujet nouveau, multiplicité des personnages, abondance du *parlé*, emploi du passé simple au lieu de l'impératif, style méconnaissable, abus de rhétorique, vocabulaire inhabituel (plus de quarante mots) ou pris dans un autre sens (avancer, brouer, ung gueulx), tics de langage (GIER revient cinq fois), négligences, répétitions, chevilles ; enfin, les pratiques sexuelles du narrateur ne sont pas tout à fait celles de Villon.

12 Après moller, lué ung gueulx qui voult,
Pour mieulx hÿer, desriver la touloire
(C'est pour livrer aux arques ung assault
De Minsemont[1], maquillés à l'esquerre).
Puis dist[2] ung gueulx : « J'ay paulmé deux florins. »
L'autre pollist marquins et dollequins,
Et la marque souvent le gaing choisit.
Adraguangier puis dist, le mieulx fourny :
« Picquons au veau, saint Jaques* ! Je m'espince !
Eschéquer fault quant la pye est juchie,
Pour les duppes faire brouer au mynsse. »

---

1. F : *missemont* (En Picardie, « abbé de Mincemont » est le sobriquet des mendiants. Jehan Molinet en fait un homosexuel actif dans la *Chanson sur l'ordre de bélistrie*).
2. Syllepse : DIRE est pris au sens figuré (sucer) puis au sens propre <idem IX 19, IX 23, *T.*435, *T.*1304>. UNG GUEULX est complément puis sujet, comme au v. 23.

Après avoir déflaqué, je suçai un mendieur d'anus *(C)* qui voulut
Retirer son outil [de ma bouche] pour mieux besogner
(C'était pour livrer un assaut de Jean-Foutre aux culs [1]
Encrottés par une trique).
Puis il écréma un mendieur d'anus *(D)* qui dit : « J'ai paumé deux giclées [2]. »
L'autre *(C)* lui mastiqua le poinçon et le sabre,
Et l'engin prit souvent le parti d'éjaculer.
Le mieux monté [des deux] *(D)* se vida, puis il écréma l'autre en disant :
« [Plantons] nos crocs dans le biquet, par saint Foutin ! Je m'aiguise le bec !
Quand un "oiseau" est perché [3], il faut l'abattre,
Au lieu de laisser se ruer les dupes dans notre petit trou ! »

1. Peut-être aux « deux walequins » du v. 6.
2. Dans les Sotties, FLORIN (sou) = anus : J'ai détruit deux anus.
3. Quand un pénis est érigé.

23 Puis dist ung gueulx qui pourluoit en hault.
« J'ay jà paulmé tout le gain de ma choirre[1],
Et m'a joué[2] la marque du giffault !
J'en suis mieulx prins que vollant à la foire.
Elle est brouée envers ses allegrins[3] :
C'est tout son fait que d'engandrer les guains
À hornangier, ains qu'elle soit lubie.
De la hanter, ma fueille est desgaudie,
Quant de gain n'ay plus vaillant une saince.
Mais tousjours est gourdement entrongnie
Pour les duppes faire brouer au mynsse. »

34 Prince* [ ][4] : Quant vous sauldrez la hye,
Luez la grime s'elle est desmaquillie,
Et retrallez se le bizouart saince
(Qu'elle[5] ne soit de l'assault de Turquie*),
Pour les duppes faire brouer au mynsse.

---

1. J.d.m. sur « ma chère » [gland] et « mâchoire » [bouche, et pénis].
2. On peut aussi lire : *Et ma joue* [ma bouche].
3. F : *arlouys* (mot inconnu qui devait rimer grâce à un titulus : « arlouyns ». ALLEGRIN se trouve dans la *Ballade* XI, du même auteur).
4. Il manque un mot de deux syllabes.
5. F : *Ou quelle.*

Puis il écréma le mendieur d'anus *(C)* qui l'avait écumé ci-dessus, lequel dit :
J'ai paumé tout { le foutre de ma verge,
le bénéfice de mes mâchoires,
Et le poinçon de ce couillu m'a entubé !
Je suis mieux pris par son poinçon que [je ne suis] bandé dans sa merde ;
La queue s'est retournée contre son fellateur.
C'est tout son fait que d'engendrer les éjaculations
À la suite plutôt que d'être tarie !
Mon figne est mécontent de se la greffer
Alors que je n'ai
Alors que je n'en tire } plus une goutte de foutre ;
Mais elle est toujours fermement enfoncée jusqu'au trognon
Au lieu de laisser se ruer les dupes dans le petit trou. »

Prince des partouzeurs : Quand vous banderez votre outil,
Sucez le pompeur s'il n'est plus encrotté [par votre pénis] [1],
Et arrêtez [seulement] lorsque son biseau saigne
(Afin qu'il ne soit pas en état de pratiquer l'assaut à la turque),
Au lieu de laisser se ruer une dupe dans votre petit trou.

---

1. S'il échappe à votre pénis pour sodomiser, de la même façon qu'il échappe à une bouche au v. 13.

BALLADE XI

De devers quay[1], par ung temps d'ivernois,
Veiz abrouer à la *Vergne Cygault* *
Marques de plant, dames et dandinars[2],
Et puis merchans, tous telz qu'au mestier fault.
....[-ault]
Gueulx affinés, allegrins et floars,
Mareus, areurs[3], pimpres, dor(e)lotz et fars,
Qui par usaige, à la *Vergne* * jolye,
Abrouèrent au flot de toutes pars
Pour maintenir la joyeuse folye.

---

1. QUOY = anus.
2. F : *andinas* (DANDINARD n'est pas attesté ; dans la *Femme* [travesti] *à qui son voisin* [sodomiste] *baille ung clistaire* <Cohen 28>, on trouve « dandinastre »).
3. F : *arurs* (on lit presque toujours *arves*, mais la finale *-rs* est indiscutablement la même que pour musars <v. 21> ou lombars <v. 29> ; *-ur* au lieu de *-eur* est attesté en Île-de-France par la Moralité de la *Croix-Faubin*).

XI BALLADE EN FORME DE PARADE [1]

Derrière un orifice, en période d'érection,
Je vis affluer à la *Verge qui gode*
Des poinçons à planter, des travestis actifs et
des frimeurs,
Et puis des baiseurs, des anus comme il en faut
à notre quenouille.
[Je vis également]
De faux passifs [2], des pompes à foutre et des suceurs,
Des piocheurs, des laboureurs, des travelots,
des encrotteurs et des farcisseurs
Qui à la *Verge* jolie, par ruse
Se jetèrent de toutes parts sur le sperme
Pour maintenir [debout] leur virile marotte [3].

---

1. Ballade inachevée (il manque deux vers, + les cinq vers de l'envoi) du même auteur que la IXe. À cours de temps ou d'idées, on a comblé quelques vides avec des énumérations et des vers calqués sur d'autres (11-21-27, 17-23). Trente mots n'appartiennent pas au vocabulaire de Villon ; abrouer, affiné, avancer et ung gueulx n'ont pas le même sens que chez lui. Un Parisien n'aurait pas fait rimer des mots en *-ars* avec des mots en *-as* : c'est une licence qu'on trouve notamment dans la poésie picarde ; « brocquans » au lieu de « brochans » est encore un picardisme, et d'autres peuvent avoir été francisés, comme c'est souvent le cas dans le ms. de Stockholm.
2. GUEUX AFFINÉ (rusé) est synonyme de « rouge gueux » <IV 4>.
3. Dans les *Sotties*, le sperme est aphrodisiaque : XI 29-30, *Laiz* 11, *T.* 820, 1825...

Pour mieulx abbatre et oster le broullart,
Adraguèrent de noble[1] maint grupault
De [rheume attaint][2] et puis molt sires gras.
....[-ault]
Truyë marir sans avancer ravault,
Babillangier sur tous fais et sur ars :
Tant qu'il n'y eust de l'arton sur les cas
–Brocquans, dor(e)lotz, grain, guain,
aubeflorye–
Que tout ne fust desployé [et] en pars
Pour maintenir la joyeuse folye.

Pour mieulx polir et desbouser musars,
On polua des luans bas et hault
Tant qu'il n'y eust de vivres en cabas.
Puis feist-on faire à saint Arquin* ung sault.
Après, doubtant de ces anges l'assault,
On verroulla et serra les busars

---

1. F : *grenoble* (La première syllabe est un **g** avec abréviation qui doit traduire un gribouillis du ms. de base).
2. F : *rumatin* (RHEUME se prononce rhume. Comme la *Ballade* VII, ce poème a été dicté : toutes les erreurs sont phonétiques <andinas-dandinars, crupault-grupault, rumatin-rheume attaint, sives-sires, caras-cabas> ; en outre, le ms. révèle un débit moins heurté, et le tassement des vers prouve que le scribe ignorait l'absence d'une strophe).

Pour mieux répandre et ôter l'écume,
Ils vidèrent de sa semence mainte victime
de fellation
À la queue morveuse, et puis beaucoup de novices
enfoutrés.
[Ensuite ils purent]
Labourer des phoques sans laisser avaler leur bâton,
Et ramoner à fond tous les fessiers et les pétards :
Tant et si bien qu'il n'y eut pas de merde sur
les bites
Sans que tout – embrocheurs, encrotteurs, pollen,
sperme, giclées –
Ne soit déployé et [mis] dans les fondements
Pour maintenir [debout] les viriles marottes.

Afin de mastiquer et de tarir les englandeurs
en toute tranquillité,
On salit [d'abord] le devant et le derrière de ces
écrémeurs [1]
Tant et si bien qu'ils n'eurent plus d'eau dans
les gourdes ;
Puis on fit rebander Popaul.
Après, redoutant un assaut des loubards,
On captura et on branla leur oiseau

1. En les suçant puis en les sodomisant. ÉRO donne à *polluer* trois sens : coïter, masturber, faire éjaculer.

Pour mieulx blanchir et desbouser coquars.
Là ot ung gueulx son endosse polye,
Qui puis alla emprunter aux lombars*
Pour maintenir la joyeuse folye.

31 ....

Pour enfoutrer et tarir les dupes en toute sécurité.
Alors un mendieur d'anus eut le bas du dos poncé,
Et ensuite il alla emprunter aux prêteurs de foutre
Pour maintenir [debout] sa virile marotte.

....

Table des noms propres marqués d'un astérisque

Saint-**AR(CH)QUIN** [arc = pénis] : Pénis.

BÉRART : Homo actif qui trompe les dupes.

BRIEF LANGAIGE : Argot homosexuel (NEL). *Le chastiement du Monde* (Bossuat) : « Je t'ay jà dit en BREF LANGAIGE/ Qu'un fol [homo passif] enseigne [sodomise] bien un saige [homo actif]. » (Cf. jobelin*)

Colin de **CAYEULX** : Ami et complice de Villon; et comme lui, homo actif sujet à des défaillances. *T.*1674 : « Cuidant que vaulsist [était viable] le rappeau [son pénis],/ Le perdyt COLIN DE CAYEULX. »

CHASCUN [personnage de Sotties] : Homo passif qui veut devenir actif. *Sotie des Sotz* [homos] *triumphans qui trompent CHACUN* (Trepp. 10) : « CHASCUN contrefaict le seigneur [l'actif], / CHASCUN faict maintenant du sage ["]. »

GAULTIER [pers. de Sotties] : Homo actif. *Satyre pour les habitans d'Auxerre* (Picot 18) : « Hé ! quelz GAULTIERS pleins de malice [fermes du pénis] !/ Croy qu'ilz ressemblent l'escrevice,/ Qui va tousjours à reculons [au derrière]. » (V. gaudir)

Saint **JAQUES** [pénis] : Homo actif. (ÉRO : Jacques = godemiché)

JEHAN : Pénis. Panurge nomme le sien Jean Jeudy et Jan Chouart.

JOBELIN : Jargon à signification homosexuelle du théâtre de foire, dont Villon suivit une troupe dans les années 1457-61 [1]. *Sotie des Coppieurs* [sodomistes] *et Lardeurs* ["] *qui sont copiés et farcés* (Trepp. 8) : « –J'entens assez bien JOBELIN. / –[Par conséquent,] j'ay la farce de *Patelin* [patte = pénis], / *Poitrasse* [poitron = cul] et le *Pouvre Jouhan* [nom d'une Sottie]. »

LOMBART [on accusait les usuriers lombards du « vice italien » [2]] : Prêteur de sperme, qu'on lui rend en le sodomisant. *Sotie des Rapporteurs* (Trepp. 6) : « Autant de ducatz [d'anus]/ Comme en ont tous les LOMBARS. » // **LOMBARDIE** : Patrie des sodomisés.

---

1. Voir André Burger (p. 494).
2. Cf. les « bougres lombars » du *Grant Jubillé de Millan* (Mont. IX).

Régnier de **MONTIGNY** : Ami de Villon. Homo actif, sauf imprévu... *Laiz* 129 : « Je laisse à ce noble homme [cet homo actif], / RÉGNIER DE MONTIGNY, trois chiens [pénis]. »

Le **PRINCE (des Sotz)** : Sodomiste, grand maître du Jeu homosexuel. Coq., *Balade contre les PRINCES :* « PRINCES qui tenez les très grans estatz [nos phallus] : / (...) Par vous, va ce que devant derrière. »

(BON) **TEMPS** [pers. de Sotties] : Durée de l'érection; phallus. *Sotie des Sotz triumphans* (Trepp. 10) : « Le TEMPS, Chascun* faict [bander] et deffaict./ Le TEMPS se mue d'heure [d'érection] en heure./ Le TEMPS est beau, le TEMPS est laid :/ En ung estat [Dans un pénis] point ne demeure. »

TURQUIE : Patrie des turcs [sodomistes]. *Colin qui vient de Naples et amaine ung Turc prisonnier* [de son rectum] (Cohen 5) : « Quant je l'avisai au visaige [gland],/ Je cuidoie qu'il fust de TURQUIE,/ Pour ce qu'il estoit si très grant. »

La **VERGNE** [verge] **CYGAULT** [gaud = érigé] : Syn. argotique de VICESTRE [vitz estres = pénis érigés], *T.* 1347. Le château de Bicêtre était une ruine fréquentée notamment par les homosexuels. (V. gaudir)

Françoys **VILLON** [osier = pénis] : Françoys de

Montcorbier prit le nom de son père adoptif Guillaume de Villon : au *Laiz* 314, il se qualifie de « bien renommé [rebaptisé] Villon [pénis] » (GUI). Il prit encore le surnom DES LOGES [des rectums] (GUI). Homosexuel [1] actif, Villon se plaint constamment d'être victime de sodomistes.

1. Voir Gert Pinkernell (pp. 95-107).

Glossaire des termes érotiques

- Les *Ballades en argot* étant peu nombreuses, beaucoup d'archaïsmes et de néologismes n'y apparaissent qu'une fois, le plus souvent à la rime : les exigences de ladite rime font accepter des termes qu'on n'aurait pas mis dans le corps d'un vers, et des emplois au sens large. De même, les calembours imposent à l'auteur des formes inusitées.
- J'adopte les étymologies médiévales plutôt que les nôtres : comme le souligne Littré[1], l'ancienne étymologie ne consultait que les apparences superficielles.
- Je simplifie l'orthographe des exemples quand elle rend un mot méconnaissable.

1. *Pathologie verbale.* Société des Amis de la Bibliothèque Nationale, 1986.

AB(B)ATRE : Répandre. *Troys pèlerins et Malice* (Picot 16) : « Je ne veulx guerroyer qu'aux fesses,/ ABATRE vin [sperme], bonne vendenge [de sperme]. »

ABROUART, ABROUER : voir **BROUER**

AC(C)OLLER [col = pénis] : Sodomiser. *La folie des Gorriers* (Picot 5) : « Vrays amoureux [bandeurs], venez-moy ACCOLLER ! »

ADRAGUER [draguer] : Vider. • **ADRAGUANGIER** : Adraguer en gier [complètement]. (V. gier)

ADVISER : Viser. *Les Sobres Sotz* (Picot 21) : « S'ilz se fument par les costés [S'ils ont coutume de s'encrotter le pénis],/ AVISEZ l'huys de la maison [l'anus de leur cul]. »

AGARCI : En érection.

AINSNÉ [aîné] : Vieil homo passif.

ALLEGRIN : voir **GRAIN**

AMBOUREUX [qui bourre] : Sodomiste. « EMBOUREURS de bastz [culs]. » • **RAMBOUREUX.** Molinet, *Responce à Busnois* : « Ung REMBOUREUR de bas [culs], / Housseur de cuirs [masturbateur de pénis], fourbisseur de cuirasses ["]. » // **EMBOURE** : Sodomie.

AN : Anus (NEL). Rab., *Pantagruel* 11 : « Aller à l'aguillanneuf [aiguille en œuf (anus)] le premier trou de l'AN. » • **EMPS** • **EN**

ANCE [anse] : Pénis. • **ENCE**

ANDOSSES = ENDOSSE

ANGE : Homo actif appartenant à la pègre. *Les Sotz qui corrigent le magnificat* (Trepp. 5) : « Ilz s'en vont tous, riand [en bandant], aux ANGES. » • **ANGEL**

ANTONNER : Remplir un cul.

ARDERIE [ardre = bander, ÉRO] : Érection.

ARERIE [terrain à labourer] : Anus. (Syn. champ) // **AREUR** [laboureur] : Sodomiste.

ARQUE [lat. *arca* = coffre] : Cul. *Sotie des Coppieurs* (Trepp. 8) : « Dessoubz les ARCHES,/ Il fait bon estre tourne-broche [sodomiste]. » (Syn. coffre)

ARS [brûlé = sodomisé] : Cul (NEL). *Les Menus Propos* (Picot 3) : « Baillez-luy sa serpe [verge],/ Il s'en ira coupper des HARS. »

ARTON [pain] : Matière fécale. Sainéan p. 172 : « arty foignant ».

ASSEOIR : Enfoncer. *Le Gaudisseur* [bandeur] (Trepp. 28) : « On me fit ASSOIR à la table [dans un cul],/ Et servir [sodomiser]. »

ASSOSÉ [associé. J.d.m. sur sot] : Complice d'un violeur.

AST [lance] : Pénis. *Les Menus Propos* (Picot 3) : « Ung oyseleur [prostitué passif] et ung coquin [" actif],/ C'est tout ung [anus] à gens qui ont HASTE. »

ATASTER : voir **TASTER /// AUBEFLORYE** : voir **FLORIN**

AVANCER : Mettre dans sa bouche. Mettre dans la bouche d'un autre.

BABIGNER : voir **BIGNER**

BABILLER [biller le bât = sodomiser le cul] : Sodomiser. • **BABILLANGIER** : Babiller en gier [complètement].(V. gier) • **EMBABILLER**

BABOUE [grimace obscène qu'on fait en mettant son index dans la bouche : Panurge l'exécute dans *Pantagruel* 19. Bas bout = pénis] : Sodomie.

BÂILLEUR [baillier = saisir ; baier = ouvrir la bouche] : Fellateur.

BANC : Pénis sur lequel on est assis.

BAS [≠ hault (anus)] : Pénis. *Régnault qui se marie* (Cohen 7) : « Plus sujet au BAS / Que Sotz [homos passifs] ne sont à leurs marottes [verges]. » (V. babigner, baboue)

BAUDERIE : Hardiesse. // **BAUDROUSE** [baude = verge, en argot médiéval] : Phallus.

BEAU (de bourdes) : Indisponible (du pénis). *Les Sotz qui remètent en point* [érection] *Bon Temps** (Trepp. 12) : « Je suys BEAU de proys [indisponible du cul]. »

BEAUSSIRE-DIEUX, BEAULX-SIRES-DIEULX : voir **DIEU**

BEC(Q) [pointe] : Gland.

BEFFLEUR [beffles = lèvres] : Fellateur (GUI). La Vigne, *Complaintes et Épitaphes du Roy de la Bazoche* (Mont. XIII) : « Avoir le soir Bacchus escorniflé [Avoir bu],/ Vénus rifflé [limé], Ganimèdes BEFFLÉ [sucé]. »

BÉLISTRIEN [gueux] : Mendieur d'anus. (Syn. ung gueulx)

BÉNARD [benêt] : Dupe, maladroit. (Syn. duppe) • **BERNARD** [brenard (j.d.m. attesté) = sodomisé]

BÉSICLES : Anus. Rab., *Pantagruel* 1 : « Morguan, lequel premier de ce monde joua aux déz [pénis] avecques ses BÉZICLES. »

Être **BÉSIFLE** [bes- (mauvais) + siffler] **des farges** : Avoir le cul qui siffle après avoir été sodomisé.

BEVARD [buveur] : Fellateur.

BIEN 1 : Plaisir.

BIEN 2 : Anus. *Les Menus propos* (Picot 3) : « Nous aurons des BIENS à planté [planter]. » (Syn. franc. ≠ mal [pénis])

BIGNER [baigner ?] : Pratiquer une fellation. • **BABIGNER** [j.d.m. sur babines] • **REBIGNER** [re- : particule de renforcement]

BIS [double] : Cul, composé de deux fesses. *Les Sotz qui remètent en point Bon Temps** (Trepp. 12) : « River le BIS. »

BISAN [biseau] : Pénis (GUI). 10 • **BIZAC** [bissac = bourses] 20 • **BIZOUART** 22

BLANC 1 : Pénis. *Le Capitaine Mal-en-point* (Cohen 49) : « Crève-moy l'œil [l'anus] d'ung petit BLANC ! »

BLANC 2 [centre de la cible] : Anus. (Syn. franc)

BLANCHIR : Couvrir, être couvert de sperme.

BLANDY : Caressé. *Les Sotz triumphans* (Trepp. 10) : « BLANDISSEZ-le [Masturbez-le] sans abstinence ! »

BOSSU : Qui a la braguette gonflée ; en érection. Rab., *Quart Livre* 9 : « Un demy guallant, BOSSU quelque peu, tout cheville [pénis]. » Avoir la bosse en l'aine = être en érection.

BOURDE [bâton] : Pénis. *T.* 1646 : « BOURDES n'ont icy temps* [ni érection] ni lieu [culs] » (Syn. ravault)

BOUT : Pénis (ÉRO). *La Mère de ville* (Picot 23) : « Je vous prendray par les genoux [Je vous sucerais],/ Ou vous mettray à la torture [sur mon pénis] !/ Garde [Sodomiste de] cul vilain, plain d'ordure [merde],/ N'aurons-nous jà de vous le BOULT ? » (Syn. son) // **DE BOUT** : Sur un pénis, sodomisé. *Les Sotz ecclésiasticques* (Trepp. 14) : « Que deux de nous monstrent les culz,/ DE BOUT, et l'aultre chacera/ À prendre les petz à la glus [sperme]. »

BOUTICLE [boutique] : Cul.
BRAIRE : Avoir une érection.
BRIS : Dégonflement d'un pénis.
BROCQUANT : Embrocheur.
BROUER [forme argotique de *ébrouer* : « ESBROUER ung pot [pénis] », *Les Menus Propos* (Picot 3)] : Faire éjaculer. S'éloigner (argot). Se ruer (argot). • **ABROUER** : Répandre. Se répandre (argot). • **EMBROUER** : Inonder de sperme. // **ABROUART** : Sperme.
BROULLART [brouillard] : Sperme.
BUSARD : Pénis. (Cf. pye)
CABAS : Testicules.
CAIRE : Érection, phallus (NEL). • **CAR(R)IEUX** • **ESCOIRRE** • **ESQUERRE** • **QUATRE** (Cf. cinq)// **ESCHARIR** : Être en érection, avoir une érection. • **ESQUARRIR.** *Les deux frans archiers* [sodomistes] (Cohen 14) : « Je les feray bien ESQUARRIR,/ S'ils portent bastons [phallus] ou guisarmes ["] ! » • **QUARER.** *Sotie des Coppieurs* (Trepp. 8) : « Aussi droit par dieu [du priape] comme gaulles,/ QUARRÉ comme une belle fluste. » • **QUÉRIR** // **SCARICLE** [escarrique] : Bandeur.
CAN : Anus.
CAR(R)IEUX : voir **CAIRE**
CAS [ital. *cazzo*] : Pénis (ÉRO). *Les Sotz fourrés de*

malice [pénis] (Trepp. 33) : « Du temps que mon CAS estoit beau,/ Que ma chose [verge] bien se portoit. »

CAULD [chaud] : En érection. *La Folie des Gorriers* (Picot 5) : « J'ay mis mon chef [gland], sans bassinet [n'ayant pas de culs],/ En lieu [cul] que aultre, tant soit CAULT,/ N'oseroit. »

CHAMP : Anus à labourer (NEL). (Syn. arerie, pâtis, terrant, terre)

CHANTER [avoir la bouche ouverte] : Pratiquer une fellation. *Varlet* [sodomiste] *à louer à tout faire* [pour foutre l'anus] (Mont. I) : « Je sçay bien CHANTER ma partye [un pénis],/ Et me connois à cuire pois [sodomiser des anus]. »

CHAPPE : Pénis, gland.

CHAUSSER : Pénétrer, enfoncer.

CHOIRE [chère = visage] : Gland. Choire = chouart [pénis], Becker-Ho p. 70.

CINQ [trois (pénis) + deux (testicules)] : Parties génitales (GUI et NEL). (Cf. ung, deux, trois, quatre, six)

CIRCONCIS : Décalotté.

COFFRE : Cul. *Varlet à louer* (Mont. I) : « Je sçais ouvrir et fermer portes [anus],/ Crocheter COFFRES et bahus [culs]. » (Syn. arque)

COING [objet sur lequel on frappe] : Anus. *Les Esveilleurs du chat qui dort* (Cohen 34) : « Vat'en musser [te cacher] en quelque COING ! » // **COINSSER** : Frapper sur un anus.

CONSEIL [qu'on seille (scelle)] : Pénis.

CONTRE 1 [chanteur qui fait le dessous] : Partenaire.

CONTRE 2 [lat. *conterere* = broyer] : Pénis. 16

COQUART [coq battu par les poules] : Dupe, sens attesté. *Sotie des Coppieurs* (Trepp. 8) : « Je sers des lardons [mon pénis] et brocards ["] :/ C'est ce que fault à ces COQUARS/ Qui veullent trencher du gros bis [des culs]. »

COQUEUR de pain [cuiseur de pénis] : Coïteur (ÉRO).

COQUILLE [coq = pénis] : Pénis (ÉRO). Ch. d'Orléans, *Rondel 190* : « À qui vendez-vous voz COQUILLES ?/ Vous cuidez bien, [de] par voz engins,/ À tous pertuis [anus] trouver chevilles. » // **COQUILLART** [pers. de Sottie] : Sodomiste.

CORNETTE [en forme de cornet] : Anus (NEL). *T.* 1957 : « Et qu'il me coûtast ma CORNECTE,/ S'il sceust jouer en ung tryppot [rectum],/ Il eust de moy le trou Perrette [mon anus]. »

CORPS : Cul. *Sotise à huit personnaiges* (Picot 10) : « Vous qui avez les CORPS rompu/ Et qui ne cessez de piller [sodomiser]. »

COSTÉ : Pénis.

COUPLAU [sommet de colline] : Cul en posture sodomique.

CRÉMIR [crème = sperme : « Je connois sots [homos] nourris de CRESMES », Villon, *Ballade des menus propos*] : Faire éjaculer, couvrir de sperme.

CUIR : Pénis. *Les femmes qui font renbourer leur bas* (Cohen 36) : « Il fault tirer ce CUIR aux dens [avec la bouche],/ Pour le faire ung petit [peu] croistre. » (Syn. pel)

DAME : Travesti. Les premiers sont signalés au XIVe siècle (M. Lever). Ils n'étaient pas toujours passifs : le déguisement permettait de racoler sans trop attirer l'attention. *Troys Pèlerins et Malice* (Picot 16) : « Plusieurs se sont acoustrés/ En estat de fémynin genre./ Car ilz ne bataillent qu'aux culs. »

DANCE : Mouvements du coït (ÉRO). Molinet, *Le Viel Gendarme et le viel amoureux* : « Mon flajollet [pénis] ne vault plus riens./ La basse DANSE doulce et tendre/ Est hors de mon commandement. »

DANDINART [dandin = clochette (les Sots portaient des grelots)] : Homo actif. Rab., *Tiers Livre* 41 : « Perrin DENDIN, bon laboureur [sodomiste], bien chantant [suçant] au létrain [pénis]. » Coq., *Perruques* 167 : « Le DANDO trenche [abat] des lardons [pénis],/ Quant on va sa chair embrocher. »

DAVID [crochet à serrures] : Pénis. • **DAVYOT**

DENIER : Anus. *Pathelin* 395 : « Si j'eusse dit [sucé],/ Mon DENIER me fust demouré. » (Syn. franc)

DESBOURSER [bourse = pénis, ÉRO] : Faire débander. // **REBOURCER** : Rebander.

DESBOUSER [nettoyer] : Vider le sperme.

DESCLAVÉ : voir **ENCLOUER** /// **DESGAUDI** : voir **GAUDIR** /// **DESMAQUILLÉ** : voir **MAQUILLER**

DESRIVER : Retirer le pénis rivé à une bouche.

DESVOYER : Changer de fonction.

DEUX : Testicules (NEL). (Cf. cinq. Idem argot moderne)

DIEU : Pénis. *Sotie des Coppieurs* (Trepp. 8) : « Il y a, par DIEU [avec mon priape], bien deux ans [anus]/ Que ne cesse de coppier [sodomiser]. » • **BEAUSSIRE-DIEUX, BEAULX-SIRES-DIEULX.** Villon, *Requeste à M*[gr] *de Bourbon* : « Argent [Des anus je] ne pens à gipon [à mon pénis], n'à sainture [ni à des hanches mon] / BEAU-SIRE-DIEU. »

DIRE [ouvrir la bouche] : Pratiquer une fellation.

DOIT [doigt] : Pénis (ÉRO).

DOLLEQUIN [poignard] : Pénis.

DORER : Encrotter. F : « DORER braie ou chemise. » (Se faire dorer = subir le coït anal, ÉRO) // **DORELOT** [qui dore l'O (l'anus)] : Sodomiste. *Le DORELLOT* (Cohen 24) : « Ton DORELOT est en tel point [si piètre érection]/ Qu'il ne scet s'il est homme ou femme :/ Il en perd les piedz [son pénis]. »

DROE [droue = herbe] : Pénis. (Syn. jonc)

DROGUERIE : Aphrodisiaque. *Les Sotz qui recouvrent leur mortier* (Trepp. 9) : « *Trop aise* [nom du remède] est bonne DROGUERIE. »

DUC [oiseau] : Pénis (NEL). (Cf. pye)

DUPPE, masc. : Homo qui voudrait sodomiser, mais à qui on fait de force une fellation pour le désarmer afin de le sodomiser. (Syn. : bénard, bernard, coquart, niaiz, ninard, sire).

EMBABILLER : voir **BABILLER** /// **EMBOURE** : voir **AMBOUREUX**

EMBRAIEUX [brai = poix] : Qui a la bouche engluée de sperme.

EMBROUER : voir **BROUER**

EMPAVER : Enfoncer. (Syn. hÿer)

EMPRUNTER : Emprunter un pénis ou du sperme à un lombart* qu'on rembourse en le sodomisant.

EMPS, EN = AN /// ENCE = ANCE

ENCLOUER : Sodomiser (ÉRO). • **ENCLAVER // DESCLAVÉ** : Décloué.

ENDORMI : Dont le pénis est au repos.

ENDOSSE [dos] : Cul, fesses. (Andosser = sodomiser, ÉRO) • **ANDOSSES**

ENMAHÉ [maie = pétrin. Possible allusion à Jehan Mahé, l'orfèvre de bois du *T.* 1118] : Enfoncé dans un rectum.

ENTERVER : Sucer. // **ENTERVEUX** : Fellateur.

ENTRONGNÉ [trogne = gland : « Quel museau [gland] ! Quel mine ["] ! Quel TRONGNE ! », *Le Prince* et les deux sotz* (Cohen 1). En picard, trognotte = anus] : Enfoncé.

ESCAILLER [ouvreur d'huîtres] : Sodomiste.

ESCHARIR : voir **CAIRE**

ESCHEC : Gare ! // **ESCHÉQUER** : Faire échec à.

ESCLAT : Jet de sperme. *Folle bobance* (Picot 9) : « Faire [Foutre] trop plus qu'on n'a puissance,/ Et faire les ESCLAS voller. »

ESCOIRRE : voir **CAIRE**

ESCORNÉ [corne = phallus, ÉRO] : Qui a perdu son érection (NEL). *Les Sotz ESCORNÉS* (Trepp. 4) : « Chascun sera si ESCORNÉ / Qu'il ne sçaura de quoy [d'anus en]corner. »

S'**ESCROUER** [se visser] : Pénétrer.

ESPÉLICAN : voir **PEL**

S'**ESPINCER** [s'aiguiser le bec] : Pratiquer une fellation.

ESQUARRIR, ESQUERRE : voir **CAIRE**

ESSORER : Sortir le pénis de l'anus.

ESSURGER [lat. *exsurgere* = jaillir] : Ejaculer.

ESTERIE [lat. *stare* = bander] : Érection. // **STAT** : Il est en érection. *T.* 1598 : « Puys s'ilz jouent [coïtent], je leur diz : "*Bene STAT!*"/ Retournez cy quant vous serez en rut. »

FA(I)ERIE : Duperie. // **FÉE** : Trompeur.

FAIRE [foutre] : Sodomiser, mettre. Béroalde 47 : « – Les asnes baudouynent, les chiens couvrent. – Mais que font les hommes avecques les femmes ? – FONT. Cela proprement est le FAIRE. »

FAIS [faix = fardeau] : Cul. *Sotie des coppieurs* (Trepp. 8) : « – Mes gros lardons [Mon pénis] par tout [dans les anus] je broche./ Et toy ? – Les FAIS d'aultruy espie [je sodomise]. » (Syn. fardis)

FARCIR : Sodomiser (NEL) . (Idem argot moderne) // **FARS** : Sodomiste. Molinet, *Le Viel Gendarme* : « [Il] luy frapperoit sur son coing [anus] / D'ung gros martel [pénis] pesant et lourt :/ Ne fault qu'ung FARS vestu de court [muni d'érection]/ Pour exécuter le devoir. »

FARDIS [fardeau] : Anus. (Syn. fais)

FARGES [entraves] : Anus.

FARS : voir **FARCIR**

FAULX : Pénis.

FAUVE [roux] : Fourbe. (Syn. rouge)

FÉE : voir **FAIERIE**

FIEF : Anus. *Le Gentil Homme* [L'homo actif] *et son page* (LV 10) : « J'ay troys ou quatre nobles FIEULX,/ Et de la terre [des anus] en plusieurs lieux [culs]. » (Syn. terre)

FIN [but] : Sodomie.

FLOART [lat. *fluere* = couler] : Fellateur. *Gautier et Martin* (Aeb. p. 168) : « En FLOUANT [faisant éjaculer] le gourpin [gourds pains = gros pénis] plumé [vidés de leur sperme],/ J'en ay maint sire [dupe] desplumé [fait éjaculer]. »

FLOGIE [φλογιά] : Inflammation.

FLORIN [fleur (déformation de « flueur » : écoulement) = menstrues] : Éjaculation. • **AUBEFLORYE** [b. lat. *albi flores* (fleurs blanches) = menstrues]. *Carmina burana* 86 : « Post fervorem/ Celi rorem,/ Post virorem/ ALBUM FLOREM » : [Les pénis donnent] Après l'ardeur Une céleste rosée, Après la vigueur Un écoulement blanc.

FLOT : Éjaculation. // **FLOTERIE** [robinet ?] : Pénis.

FOIRE : Diarrhée. *Folle Bobance* (Picot 9) : « Marchant [Sodomiste] en FOYRE et en bouticque [cul]. »

FOLYE [rut, coït (ÉRO)] : Pénis. *Le Cousturier et son varlet* (LV 20) : « Sy me fault ma FOLYE monstrer./ Toutes troys je vous housseray [sodomiserai]. »

FONDE : Fondement.

FOURNIR [enfourner] : Pénétrer (ÉRO). Coq., *Plaidoyer* 172 : « Il falloit qu'il vînt sus ou jus [devant ou derrière]/ La FOURNIR à son appétit. »

FOURNY : Membré. Vigneulles 85 : « Fols sont communément bien FOURNYS de leurs utilles [ustensiles]. »

FRANC [sou rond] : Anus. (Syn. bien 2, blanc 2, denier, mynsse, salut)

FRESSOUE : Frisson orgasmique.

FROUER [frapper] : Coïter. // **FROART** : Sodomiste.

FUEILLE [feuille = porte] : Anus.

GAIGNEUR : voir **GAING** /// **GAILLEUR** : voir **GAYEUL**

GAIN(G) [récolte] : Éjaculation obtenue buccalement. • **GUAIN** // **GAIGNEUR** : Fellateur.

GALLOIS [lat. *gallus* = coq. Galler = coïter] : Homo actif.

GARDER [terme d'escrime] : Sodomiser (NEL). Bourdigné, *Aux Lysans* : « Voz motz dorés [pénis encrottés] GARDERONT les bouticques [culs]. » // **GARD** : Homo actif.

GAUDIR [b. lat. *gaudire* = jouir] : Être en érection. (V. Vergne* Cygault, Gaultier*. ÉRO :

« Goder »)// **GAUDIE** : Érection. • **GAUDISSERIE** : Érection, plaisir. *La Folie des Gorriers* (Picot 5) : « Car Folie [homosexualité] vous entretaint/ En parfaicte GAUDISSERIE. » • **GAULDROUSE** : Phallus. // **DESGAUDI** : Mécontent.

GAYEUL [prov. *gai* = homo (Boswell pp. 70-1)] : Homo actif. • **GAILLEUR**

GENS [gent = mignon] : Homos, actifs ou passifs. // **GENTIL** : Viril.

GEORGET [atténuation de « saint George » (homo actif)] : Homo actif inexpérimenté.

GIER : Particule de renforcement. (V. adraguangier, babillangier, hornangier) // **GIÈREMENT** : Extrêmement.

GIFFAULT [joufflu] : Qui a de gros testicules.

GIFFLE [joue] : Intérieur de la bouche. (Syn. joue)

GOUJON [pénis : « Les poissonnières ayment le GOUJON qui nage en leur eau », *La Fluste à Robin (Joyeusetéz* V)] : Sodomiste.

GOURD : Épais. // **GOURDEMENT** : Fermement. *Gautier et Martin* (Aeb. p. 171) : « Nous rivons le bis [cul] GOURDEMENT. »

GOURGOURAN [coquille en forme d'entonnoir] : Anus.

GRACIEUX : Actif; en érection.

GRAIN : Semence. *Cabinet satyrique,* I : « Et frappons [nous coïtons] en nous démenant/ De si vigoureuse manière/ Que le GRAIN sort incontinant. » (Cf. semoyer) // **ALLEGRIN** [halegrain] : Fellateur. (V. halle)

GRAPPE : Parties génitales. (Idem argot moderne. Cf. vendengeur)

GRAS : Gluant de sperme.

GREFFIR [attraper] : Masturber. *Gautier et Martin* (Aeb. p. 167) : « Ung ange [homo actif] mit sur moy la poue [main]/ Pour me GRAFFIR ; et Gautier broue [Et moi, je rue]/ Des quilles [du pénis] sur le dur terrant [son anus]. » • **GRIFFER** (ÉRO)

GRIME [forme argotique de grimouart] : Fellateur.

GRIS : Sperme. *Les Sotz qui corrigent le magnificat* (Trepp. 5) : « GRIS :/ On ne sert les gens [homos actifs] d'aultre metz. »

GRUME [tronc (GUI)] : Pénis. (Syn. ravault)

GRUP [happé] : Impuissant après une fellation. (V. hallegrup) • **GRUPAULT** • **GRUPPÉ** // **GRUPPELIN** : Fellateur.

GUAIN = GAIN

GUEULX : Qui ne veut pas de deniers [anus] ; homo passif. // **UNG GUEULX** : Homo actif en quête d'anus. (V. ung. Syn. bélistrien)

HAIRE [étoffe] : Pénis (ÉRO). Rab., *Pantagruel* 14 : « Mon pauvre HAIRE esmoucheté [épointé] ne m'alloit plus que jusques sur les genoulx. » (Cf. mantheau)

HALLE [haler = assécher] : Fellation (GUI). *T.* 1722 : « Gardez-vous tous de ce mau[vais] HALLE/ Qui noircit [fait encrotter] les gens [homos] quant sont morts [impuissants]. » (V. allegrin) // **HALLEGRUP** : Bouche du fellateur. (V. grup)

HANTER [enter] : Greffer (ÉRO). *Les Sotz qui remètent en point Bon Temps** (Trepp. 12) : « Pour HANTER l'instrument de bas [mon pénis]. »

HAULT [O = anus. Tabarin : « Pour escrire un sot en deux lettres, il faut mettre une S sur une de mes fesses, et un T sur l'autre : vous trouverez qu'il [mon anus] servira d'O. »] : Anus. *Sotise à huit personnaiges* (Picot 10) : « Aux HAULX, tousjours aeste [il bande] et brait ["]. » (V. dorelot)

HAVRE [port] : Protection.

HÉVAIGE [trouage] : Sodomie.

HIRENALLE [lat. *hirnella* = cruche. Haironelle = petit héron] : Pénis.

HISC = YS

À HORNANGIER : A orne [à la suite] en gier [souvent]. (V. gier)

HUCQUER [hucque (capuchon) = gland] : Sodomiser.

HURME [?] Pénis.

HURTERIE [de *heurter*] : Coït.

HYE [outil de paveur] : Pénis. // **HŸER** [enfoncer avec une hie] : Sodomiser. (Syn. empaver)

IVERNOIS : voir **YS**

JARGONNER [garg- = gosier] : Faire éjaculer avec une fellation. Villon, *Ballade des menus propos* : « Je connois quant pipeur [fellateur] JARGONNE. »

JARTE [robe] : Pénis. (Cf. mantheau)

JONC : Pénis. « Il s'est fait escosser [décalotter] le JONC/ Par une fillette d'Escosse », XVIe s. (Syn. droe, Villon*) // **JONCHER** : Pratiquer une fellation. // **JONCHERIE** : Fellation. // **JONCHEUR** : Fellateur. Coq., *Droits* 1755 : « Si on taste [masturbe] les grans JONCHERESSES,/ Elles serrent si fort les fesses/ Qu'on ne les sçauroit trouver molles. » // **JONCHEUX** : Victime habituelle des fellateurs.

JOUE : Intérieur de la bouche. *La Pippée* [fellation] : « J'ay esté plumé [vidé] et pippé [sucé],/ Voyre, tout au long de la JOUE. » (Syn. giffle)

JOUER : Coïter (ÉRO). *1° Sottie de Genève* (Picot 15) : « Si nous pouvons Bon Temps* [une érection] ravoir,/ Si JOUERONS-nous, quoy qu'on die [suce]. »

JOYEULX : Dans le ton de l'homosexualité active.

(V. montjoye. Cf. bien 1, gaudir, jouer, plaisant...)

À JUC : En repos.

JUCHIER [percher] : Raidir.

LARDON : Pénis (NEL). Rab., *Pantagruel* 12 : « Se musser en quelque petit trou de taupe [dans un anus], sauvant tousjours les LARDONS [de la fellation]. »

LEVER [b. lat. *levare*] : Mettre en érection (ÉRO).

LIFRES : Lèvres.

LOIRRE [cuve de pressoir] : Cul.

LOIRRIR [leurrer] : Attirer.

LUER [lat. *luere* = baigner] : Sucer. Papillon, *Sonnet soudardant* : « [Placé] sur la gourde frétille [grosse verge] et sur le gourd volant ["],/ Ainsi tu ne LURAS l'accolante tortouse [le sodomisant pénis, v. turterie]. » (V. poluer) • **POURLUER** : Sucer complètement. // **LUANT** : Fellateur. // **LUBI** : Tari par une fellation. // **LUERIE** : Fellation.

MAL [maillet] : Pénis, attesté en ancien français (NEL). Rab., *Pantagruel* 14 : « Aultre MAL ne me firent [plantèrent], sinon un villain petit Turq [sodomiste] bossu [à la braguette gonflée] pardevant, qui furtivement me crocquoit mes lardons [mon pénis]. » (≠ bien [anus]. Syn. marque)

MANTHEAU [machine de guerre] : Pénis (GUI). *Les*

Sotz qui corrigent le magnificat (Trepp. 5) : « – Il [Votre pénis] est trop hastif !/ – Je ne puis [re]tenir mon MANTEAU. » (Cf. chappe, haire, jarte)

MAQUILLER [maculer] : Encrotter, sodomiser (NEL). (Syn. noircir) // **DESMAQUILLÉ** : Qui n'est plus sodomisé.

MARIR [marrer = labourer] : Sodomiser. // **MAREUS** [marreur] : Sodomiste. • **MARIEUX** // **MARIAGE** : Sodomie. *Régnault qui se marie à* [est sodomisé par] *Lavollée* [l'Érection] (Cohen 7) : « Qui les énormes maulx [mal = pénis] diroit,/ Qu'on a trouvés en MARIAGE,/ Jamais on ne se mariroit [se laisserait sodomiser]. »

MARQUE, MERQUE [lat. *marcus* = marteau] : Pénis. (Syn. mal) • **MARQUIN** // **MERCHANT** : Sodomiste (NEL). *Les Gens nouveaulx* [homos actifs] (Picot 4) : « Les MARCHANS/ N'osent plus aller sur les champs [anus]. » • **MARQUONCEAU** [qui marque en sceau (pénis)]

MASSIS [massif] : Fessu.

MATHE [mâter = ériger] : Pénis.

MÉLODIE : Pet bruyant. *Sotise à huit personnaiges* (Picot 10) : « Couche-toy cy [sur lui], et MÉLODIE / Ouÿras, te donnant salut [son anus]. »

MÉNESTRANDIE : Fellation.

MÉNICLE [goupillon] : Pénis.

MERCHANT, MERQUE : voir **MARQUE**

MESTIER [à cause du va-et-vient du métier à tisser] : Pénis (NEL) . *Le Monde qu'on faict paistre* (Picot 2) : « Says-tu quoy [Connais-tu un anus] ? Dresse un grand MESTIER. »

MET (mot douteux) : Épuisé (GUI) ? Peut-être faut-il lire MÈS [mais].

MIGNON : Homo actif. Coq., *Blason* 318 : « J'ay MIGNONS prêtz autour de moy, / Avitaillés [bien pourvus de vit] pour le hutin [coït]. »

MINE : Pénis.

MOE = MOUE

MOLLER [mouiller] : Éjaculer.

MONTJOYE : Érection. (V. joyeulx)

MOUARGIE [mou = humide ; ἀργός = blanc] : Pommade lubrifiante.

Faire la **MOUE** : Pratiquer une fellation incomplète qui met en érection au lieu de vider. Rab., *Quart Livre* 32 : « S'il faisoit la MOUE, c'estoient battons rompuz [les pénis éjaculaient]. »

MURS : Fesses. (Syn. part)

MUSART [museau = gland] : Sodomiste.

MYNSSE [étroit. Mince = sou] : Anus. (Syn. franc)

NÉANT : Excréments.

NIAIZ : Dupe. (Syn. duppe)

NINARD : Dupe. (Syn. duppe)

NINER : Bercer.

NOBLE : Sperme.

NOER [nouer = nager] : Faire nager un pénis dans sa bouche.

NOIRCIR : Encrotter des fesses, sodomiser. (Syn. maquiller)

NOPCES : Orgie.

NOUER [s'accoupler, pour un chien] : Sodomiser.

OINGNON [oignon] : Anus (ÉRO). Rab., *Pantagruel* 12 : « Il n'y eust rien meilleur à soy garder [pour se protéger] des canibales [fellateurs] que prendre une liasse d'OIGNONS lyée de trois cens naveaulx [pénis]. »

OSTE : Hôte d'un rectum, pénis.

PAILLARDIE : Homosexualité active.

PAIN : Pénis (ÉRO). *Laiz* 254 : « Et abatre PAIN à deux mains. »

PAROUART [contraction par double apocope – ou pour être plus clair : abrégement par acronyme – de **PA**lais **ROY**al. (Phénomène inverse dans Porrois → **PORT-ROY**al. Cf. de nos jours **VEL**odrome **D'HIV**er.) Au premier degré, Parouart était la dénomination argotique du Palais Royal de la Cité, converti en prison] : Cul. *Gautier et Martin* (Aeb. p. 167) : « Ne leur laisser gourpin [gourd pain = gros pénis] ni hargne [hernie = érection], / Mais [leur mettre] à PAROUART la grant vergne [verge]. »

PART [parc = enclos] : Cul. (Syn. murs)

PASSANT [passe an = traverse l'anus] : Pénis. (V. an)

PÂTIS [pâturage] : Anus. (Syn. champ)

PEL [peau] : Pénis. (Syn. cuir) 12 • **L'APPEL** [la pel] // **ESPÉLICAN** [ès pels licquant] : Lécheur de pénis. • **POLLICEUR** [peau licheur] // **PELLER** : Sodomiser.

PELLÉ : Pénis décalotté. *Roman de Renart* VII : « [Elle] a porté verge PELÉE. »

PERLE : Goutte de sperme. Verlaine, *Hombres* : « La PERLE/ Avant-courrière vient briller/ Au méat rose. »

PIARDE [pioche. Pye arde = pénis érigé] : Pénis (GUI). (V. pye)

PIC(QU)ON : Dent.

PIÉ [pied] : Pénis (NEL). *Sotie des coppieurs* (Trepp. 8) : « À veoir seullement vostre PIÉ,/ Je vous jugeroys pour tout sûr/ Estre ung très habile danceur [coïteur]. » (Syn. poue) // **PIÉTONNER SUS** : Pénétrer.

PIMPRE [se pimper = se vêtir avec coquetterie, XVIe s.] : Travesti actif.

PIPERIE : Duperie par fellation. (ÉRO : « pipe »)

PIRENALLE [?] : Anus.

Avoir du **PIS** [pénis : « Les villageoises ayment à veoir enfler le PIS afin d'avoir bien du laitage [sperme] », *La Fluste à Robin* (*Joyeusetéz* V)] : Être sodomisé (GUI).

PLACQUER [apposer un sceau] : Sodomiser.

PLAIN adv. : Fermement. Nom : Fermeté.

PLAISANT : D'homo actif.

PLANT : Sodomie. // **PLANTER** : Sodomiser (ÉRO). *Laiz* 31 : « PLANTER me fault aultres complans [anus] / Et frapper en ung aultre coing ["]. » // **PLANTEUR** : Sodomiste.

PLASTRE : « Plâtre séminal », *La Fluste à Robin* (*Joyeusetéz* V).

PLOMMEUR : voir **PLUMBIS**

PLONGIR : Tromper.

PLUC [butin] : Anus. *Le Dorellot* (Cohen 24) : « – Ha ! il foncera [me sodomisera] si je puis,/ Ou il y laissera l'endosse [cul],/ Voilà tout ! – C'est comme on escosse [décalotte pour les sucer]/ Les galans [homos actifs] qui n'ont point de PLUC [d'anus à sodomiser]. » (Cf. franc)

PLUMBIS [instrument pour frapper les monnaies] : Pénis (GUI). • **PLOMMEUR** [plombeur] : Sodomiste.

POE = POUE

POGOIZ : Gosier, cf. déGOISer.

POIS [rond comme un pois] : Anus • **POIX**

POLLICEUR : voir **PEL**

POL(L)IR : Fourbir un pénis (ÉRO). Fourbir un anus.

POLUER [lat. *polluere*] : Salir en mouillant. (V. luer)

POSTE [poutre] : Pénis.

POUE [patte] : Pénis. (Syn. pié)

POURLUER : voir **LUER**

POUVRE : Qui n'a pas de deniers [anus à sodomiser]. *Sotie des premiers gardonnés* (Trepp. 13) : « [Donnez] quelque denier [anus] ou quelque maille ["], / Ou quelque bon lopin de pain [pénis à sucer]/ Au POVRE ! »

PROYE [proie] : Cul, sens attesté. *Sotise à huit personnaiges* (Picot 10) : « – Sotte [travesti passif], soys ma PROYE !/ – Or à bref parler, je m'octroie/ À qui plus soudain passera/ Parmy ces trouz [par mon anus]. »

PYE [pie] : Pénis. (V. piarde. Cf. busard, duc, voller) // **PŸER** [piller] : Sodomiser.

QUARER, QUATRE, QUÉRIR : voir **CAIRE**

QUILLE : Pénis (ÉRO). Ch. de Sigogne : « Qu'on me coupe les triquebilles [testicules],/ Si jamais je trempe mes QUILLES/ En lieu si sale et si puant ! »

QUOY : Anus. • **CAY** • **QUAY**

RAMBOUREUX : voir **AMBOUREUX**

RASSEOIR [rendre rassis] : Durcir.

RAVAULT [bâton] : Pénis. (Syn. bourde, grume, riffle)

REBECQUER [bec = bouche] : Priver d'érection buccalement.

REBIGNER : voir **BIGNER** /// **REBOURCER** : voir **DESBOURSER** /// **REMBOURREUX** : voir **AMBOUREUX**

RESPONDRE : Répondre par une érection à l'érection d'un sodomiste.

RETRALLER [lat. *retrahere*] : Se retirer.

RHEUME [rhume] : Écoulement du pénis après l'éjaculation.

RIFFAULT [rave] : Pénis. *Sotise à huit personnaiges* (Picot 10) : « – Chantez [Sucez] RIFFAULX, gaignez ["] la dame [travesti] ! / –Qui dit [suce] le mieulx ? »

RIFFLE [bâton] : Pénis. (Syn. ravault) // **RIFFLERIE** : Sodomie. // **RIFLER** [raboter] : Sodomiser.

ROASTRE = ROUASTRE /// **ROE = ROUE**

ROMPRE [lat. *rumpere* = faire jaillir] : Faire éjaculer.

RONDE : Anus. (Cf. roue 2)

RONGNER [ronger] : Sucer un pénis (ÉRO). *1° Sottie de Genève* (Picot 15) : « Bon Temps* fut en danger :/ Trop de gents [d'homos actifs] le vouloient RONGER. »

RONT : Pénis. (Cf. roue 1)

ROUE 1 : Pénis. Koopmans 6 : « Les fourbisseurs [coïteurs] / Suyvant le train [cul] des gaudisseurs [bandeurs]/ Sont plus tourmentés qu'en la ROUE,/ Où larrons [fellateurs] font souvent la moue [fellation]. » (Cf. ront) // **ROUASTRE** : Sodomiste.

ROUE 2 [à cause de la forme] : Anus. (Cf. ronde) • **RUEL**

ROUGE [roux] : Menteur, faux. *La Pipée*, *Sotie des coppieurs*, *La folie des Gorriers* : « Les plus ROUGES y sont pris [à la fellation]. » (Syn. fauve)

ROUP(P)IEUX [morveux] : Qui a l'anus encrotté après avoir été sodomisé.

ROY [rayon] : Pénis.

RUEL : voir **ROUE**

RUER : Pénétrer, sodomiser. // **RURIE** : Pénétration.

SAC : Pénis.

SAFFIR [matière précieuse] : Sperme.

SAILLIR nom : Assaut. // Verbe : voir **SAULT**

SAINCER [sanc = sang] : Saigner.

SALUT [sou] : Anus. Molinet, *Le Cri des monnoies* : « Et [on trouve] les SALUS au pied [pénis] des nobles princes* [des homos actifs]. » (Syn. franc)

SAULT : Érection. *Le Franc Archier* [sodomiste] *de Cherré* : « Voicy venir le beau Gobeur [fellateur] / Qui me vint livrer ung assault;/ Mais ce fut le dernier SAULT/ Qu'il fit jamais. » //**SAILLIR** : Avoir une érection. *T.* 221 : « S'il y a nul bout [un pénis] qui SAILLE,/ Soudainement il le ravit [dans sa bouche]. »

SAU(L)VE : Pénis raide, sauvegarde contre les sodomistes, puisqu'on n'a pas le droit de sodomiser un homme en érection.

SAUPICQUÉ [sceau piqué = pénis enfoncé] : Sodomiste (GUI).

SCARICLE : voir **CAIRE**

SEMOYER [de *semailles*] : Faire éjaculer. (Cf. grain)

SERRER : Masturber.

SERVIR : Sodomiser.

SIÈGE : Cul, sens attesté.

SIEUR : voir **SYE**

SIRE : Dupe, sens attesté. (Syn. duppe)

SIX [sis = assis] : Anus (NEL).

SOE [soue = corde] : Pénis.

SON [bout] : Pénis. *La Résurrection Jényn à paulme* (Cohen 50) : « Je croy qu'il soit nourry [sodomisé] de SON,/ Car il vesse comme ung pourceau [homo passif]. » (Syn. bout)

SONGEART : Distrait, dupe. // **SONGER** : Être distrait.

SORNE [moquerie] : Pénis. // **SORNILLER** : Coïter. *Pathelin* 533 : « Ycy ne baillez ces brocars [votre broche] : / Alez SORNER à [avec] voz coquars [dupes]. »

SOUSTENIR [tenir dessous] : Sodomiser.

STAT : voir **ESTERIE**

SUC : Sperme.

SU(E)RIE [sueur] : Éjaculation.

SYE [scie] : Pénis. // **DES SÏEUR** [scieur d'ais (de planches), à cause du va-et-vient] : Sodomiste. *Les Sobres Sotz entremellés avec les SŸEURS D'AIS* (Picot 21) : « Un SÏEUR D'AIS, luy, c'est un sot [homo]. »

TAILLER : Abattre un pénis en le masturbant.

TALLER [pousser, pour une plante] : Avoir une érection.

TARGER [armer contre] : Provoquer une érection. // **TARDE** : Érection.

TASTER : Masturber. • **ATASTER**

TEMPLE : Cul. *T.* 1029 : « De la grant cousture [raie] du TEMPLE. »

TERRE : Anus. *Sotie pour porter les présens* (Trepp. 15) : « Gardez d'avoir à besogner,/ Car vous estes sur nostre TERRE. » (Syn. champ) • **TERRANT.** *Sotie des premiers gardonnés* (Trepp. 13) : « –Se trouve point quelque laurence [fellateur]/ Aulcuneffoiz sur le TERRANT ? –Trouver je n'en vis oncques tant :/ Pensez qu'il y a maints assaulx ! »

TOST [pain grillé : « Et s'il m'a jà trois fois défendu/

Qu'en sa maison [cul] je ne vienne ni voise [aille],/ Las ! c'est pource que jà ouan, d'une boisse [souche = pénis]/ Lui batttis tant son sénestre côté [son cul],/ Qu'ains puis ne voulut manger fors pain TOSTÉ [mon pénis] », *Sotte chanson* du XIIIe siècle] : Pénis.

TOULOIRE [doloire] : Pénis.

TOUT : Anus (NEL). *Sotie des premiers gardonnés* (Trepp. 13) : « Hault le boys [pénis], gallans [homos actifs], TOUT est nostre ! » • **TOUS** pl.

TREMPLE [bouillon ?] : Sperme (GUI).

TRESPASSER : Devenir impuissant.

TROIS [trait (flèche) = pénis. Troys = tronçon de lance (GUI et NEL)] : Pénis. Coq., *Droits* 1445 : « Telz mignons [homos actifs] sont ceulx/ Qui dancent [coïtent] bien, les TROIS estatz [érigés]. » (Cf. cinq)

TRUYE [truie] : Homo passif.

TURTERIE [lat. *turtur* = pénis] : Coït. Selon Ziwès <p. 267>, la forme normale est TORTERIE [corderie (corde = pénis)].

URTIS [cf. urticaire] : Irritation.

VEAU [nigaud] : Homo passif. Rab. *V° Livre* 42 : « Un tas de VEAUX qui ne boivent [du sperme] ni mangent [des pénis] sinon qu'on les rue [sodomise] à grans coups de levier [pénis]. »

VENDENGEUR : Masturbateur, fellateur. *Gautier et*

Martin (Aeb. p. 170) : « Tu es ung terrible VENDENGEUR/ De raysin pellé [glands décalottés] ! » (Cf. grappe)

VENT : Pet.

VERDOIANT [verd = érigé : « La queue VERDE, droicte et viguoureuse », Rab., *Tiers Livre* 28] : En érection. // **VERTÉ** [verd têt (pénis)] : Phallus.

VERGNE : Verge. Voir **VERGNE* CYGAULT.**

VERTÉ : voir **VERDOIANT**

VIRONICLE [b. lat. *vironiculus* = petit cercle] : Anus.

VIVRE : Avoir une érection.

VIVRES : Provision de sperme.

VOLLER : Avoir une érection. (Cf. pye)

VOUE [voie] : Rectum.

WALEQUIN [valet ? Peut-être graphie picarde de gallequin (homo actif)] : Homo passif.

YS [**Y** rappelle graphiquement deux testicules et un pénis : « En tous ses vases spermaticques ne reste de quoy protraire [dessiner] un Y grégeoys [grec] », Rab., *Tiers Livre* 26. Pour la même raison, le λ (lambda) est aujourd'hui l'emblème des homosexuels (NEL) ; il fut choisi en hommage à la Grèce, comme le **Y** de la Renaissance.] : Pénis. • **HISC // IVERNOIS** [Y verd = pénis érigé] : Érection.

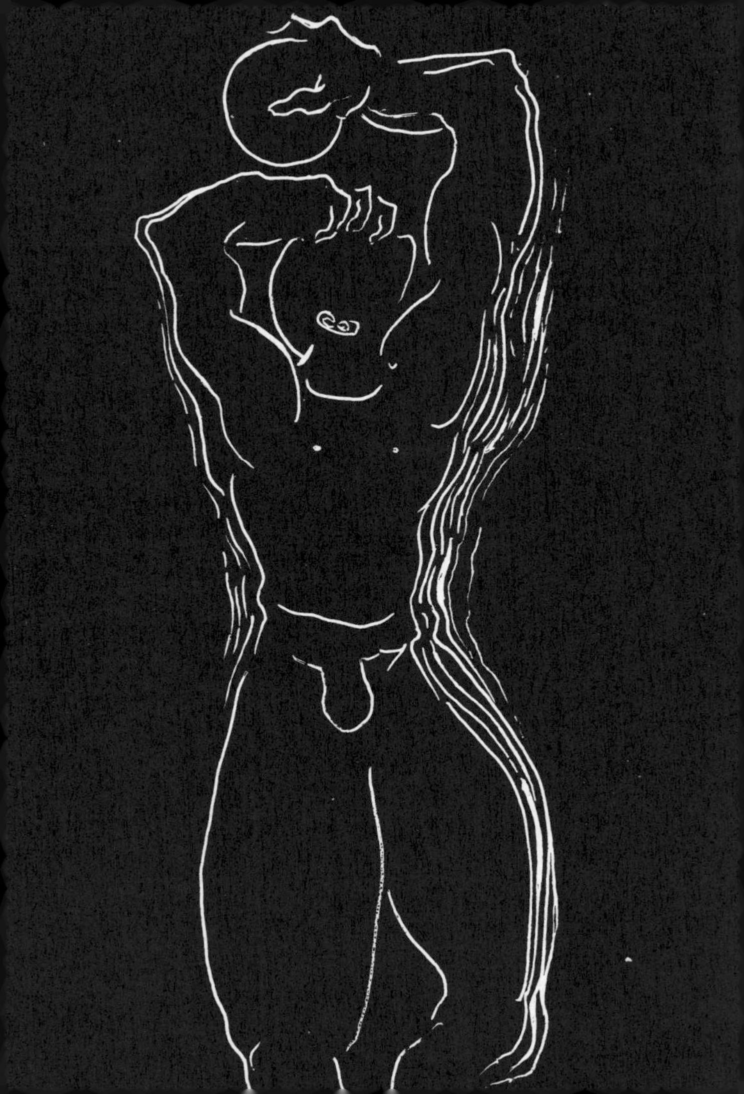

L'Homosexualité au temps de Villon

Villon est notre auteur ancien le plus connu, et le moins bien connu. Les seuls documents fiables dont nous disposons sont des actes universitaires ou juridiques. Son œuvre n'est pas autobiographique à cent pour cent : dans le *Laiz* et le *Testament*, il se moque parfois de personnages qu'il ne connaissait que de réputation. Les érudits du XXe siècle ont tiré des conclusions hâtives de ces moqueries, inventant des liens solides entre le pamphlétaire et ses victimes. Ils ont comblé les lacunes de la biographie en forgeant la légende d'un malchanceux injustement persécuté par tout le monde. Il s'agissait pour eux de contredire une autre légende, née tout de suite après la mort de Villon : celle d'un écolier farceur et pétomane, tel qu'il est représenté notamment dans les *Repues franches de maître François Villon*, ou dans le *Quart Livre* de Rabelais. Les légendes ancienne et moderne ne s'accordent que pour transformer Villon en coureur de jupons ; or, il était homosexuel : il l'avoue lui-même dans des vers cryptés dont on a surtout vu jusqu'ici le sens apparent, destiné à écarter les non-initiés. La biographie suivante s'appuie sur les documents d'époque, et sur les multiples lectures de l'œuvre.

L'homosexualité au XVe siècle jouissait d'une relative tolérance. Les condamnations à mort n'étaient prononcées qu'en cas de circonstance aggravante (viol, meurtre, inceste, zoophilie, rapt, récidive). Les choses se sont gâtées au XVIe siècle, lorsque la Contre-Réforme, désireuse d'alimenter ses bûchers, assimila plus étroitement l'hérétisme religieux et l'hérétisme sexuel. Le résultat fut une baisse du nombre des dénonciations, preuve que le peuple voyait dans la sodomie un péché mignon plus qu'un péché mortel. Cette indulgence populaire devait beaucoup à la propagande du théâtre homosexuel en jobelin*.

Les mâles qui préféraient leurs semblables ne manquaient pas d'excuses, outre les goûts personnels. La religion, très misogyne, les y encourageait. Le mariage, discrédité par une littérature antimatrimoniale pléthorique, relevait plus souvent du calcul des parents que de l'amour ; quelquefois, il ne servait qu'à faire taire les soupçons de bougrerie. La sexualité des femmes était mystérieuse, celle des autres hommes familière. La femme était souvent indisponible (règles, grossesses permanentes), et des couples accablés d'enfants pratiquaient l'abstinence comme moyen contraceptif. Avec son *Roman de la Rose*, Guillaume de Lorris avait imposé aux femmes la mode des passions chastes, qui ne permettait plus aux célibataires de copuler quand ils le désiraient. Les homosexuels, eux, pouvaient changer de partenaire chaque soir : les lieux de drague et de prostitution étaient nombreux [1], et la promiscuité masculine de l'école, du cloître, du travail ou de la guerre favorisait ces contacts. Enfin, on pensait au XVIe siècle que seules les femmes transmettaient la vérole. On le croyait encore en 1622 :

> Philis, le mal me vient de vous avoir foutue. […]
> Je fais vœu désormais de ne foutre qu'en cul. [2]

Tout cela incitait d'autant plus aux relations homosexuelles que peu de choses s'y opposaient. La justice ne pouvait sévir contre les anonymes

1. On se rencontrait dans des tavernes, ou dans des ruines : Villon cite les châteaux de Vauvert, Gouvion, Bicêtre, Nigeon, et la tour de Billy.
2. Théophile de Viau (Perceau, p. 37. Voir aussi le *Madrigal* de Saint-Pavin, p. 113). Le j.d.m. Philis/syphilis est involontaire.

sans éclabousser la Noblesse, la riche bourgeoisie[1], le haut clergé, ou même… la magistrature. La police n'intervenait pas davantage ; elle tirait un grand profit de l'utilisation des « mouches »[2] ; arrêter seulement leur client, dans un milieu où tout le monde se connaissait, eût été les trahir. Quant à l'enfer promis aux sodomites, personne n'y croyait : le théâtre profane, violemment anticlérical, s'en rit autant que de l'excommunication.

---

1. En jobelin, BOURGOIS est pris comme anagramme de bougre [homosexuel].
2. Mouchards, gigolos qui espionnaient la pègre et la bonne société. Voir M. Lever.

Vie de François Villon

1431 ou **1432.** Naissance à Paris de François de Montcorbier.

1435 ? Il est adopté par le chapelain Guillaume de Villon, qui entretient avec lui des rapports pédophiliques [1].

1443-1452. Solides études de théologie et de rhétorique. Désirs non partagés pour son camarade Thomas Tricot.

1449. Bachelier.

1452. Licencié, puis maître ès Arts (docteur ès Lettres, en quelque sorte).

1455. Initié à la prostitution masculine et à son argot par les coquillards [2] Colin de Cayeux et Régnier de Montigny. Première série de *Ballades*

1. Toutes les remarques sur la vie sexuelle de Villon seront étayées dans mon prochain livre, consacré à ses autres poèmes homosexuels.
2. Malfaiteurs organisés en bandes. Leur argot, connu grâce au lexique de Rabustel, n'a que peu de rapports avec le « bref langage* » dont use Villon.

en argot. Le 5 juin : Villon tue un prêtre au cours d'une rixe ; blessé à la lèvre, il s'enfuit.

1456. Il obtient la rémission de ce crime. Amour passionné et houleux pour le gigolo bissexuel Noël Jolis, que Villon épinglera dans son *Testament* sous un pseudonyme ironique : Catherine de Vausselles. Il commence le *Laiz*, parodie de roman courtois qui narre ses amours contrariées pour une noble dame (Noël Jolis). Le 24 décembre, cambriolage nocturne du collège de Navarre avec plusieurs complices, dont Colin de Cayeux.

1457. Villon s'enfuit de Paris (vers la cour du roi René, à Angers ?). Pendaison de Régnier de Montigny.

1457-1461. Villon parcourt la province en compagnie d'une troupe de théâtre, et approfondit ainsi sa connaissance du jobelin*, le jargon homosexuel des Sotties. Il achève le *Laiz*, et compose sans doute des pièces de théâtre. Passage à Moulins, chez le duc de Bourbon ? Rencontre et brouille avec Charles d'Orléans à Blois.

1460 ou **1461.** Pendaison de Colin de Cayeux.

1461. Seconde série de *Ballades en argot*, en hommage à Cayeux et à Montigny. Noël Jolis est compromis dans un procès pour adultère. En été, Villon est incarcéré à Meung-sur-Loire. Les sévices qu'il y endure le laisseront maladif et impuissant.

Amnistié le 2 octobre. Mise en chantier du *Testament*, que Villon truffe de poèmes plus anciens (comme Rimbaud dans *Alchimie du verbe*).

1462. Fin du *Testament*. Retour à Paris. Début novembre, incarcération pour vol au Châtelet. Libération le 7, contre la promesse de rembourser le collège de Navarre. Fin novembre, impliqué dans une bagarre sanglante, Villon est arrêté, torturé puis condamné à mort. Il fait appel.

1463. 5 janvier, il est libéré et banni de Paris. Il meurt probablement des suites de ses tortures, en un lieu et une date inconnus.

1477-1480. Un copiste nous laisse l'unique version des premières *Ballades en argot*[1]. La redécouverte de ce manuscrit à la Bibliothèque royale de Stockholm, en 1884, marquera le début des études sur l'argot médiéval.

1489. Dans les *Œuvres complètes* de Villon, Pierre Levet publie la seconde série de *Ballades en argot*. Les éditeurs suivants ne feront que réimprimer son travail approximatif en y ajoutant leurs propres fautes.

---

1. Le texte figure entre la *Ballade des proverbes* et le *Laiz*. L'avant-dernière porte la signature habituelle de Villon en acrostiche de l'envoi (cf. p. 30).

Repères bibliographiques

Œuvres de François Villon

- *Le Lais Villon et les poèmes variés* [I : texte. II : commentaires]. (Jean Rychner et Albert Henry). Droz, 1977.
- *Le Testament Villon* [I : texte. II : commentaires]. (Jean Rychner et Albert Henry). Droz, 1974.
- *Poésies complètes* (Claude Thiry). Le Livre de poche, lettres gothiques, 1991.

Autour de François Villon

- AEBISCHER (Paul) : *Trois Farces françaises inédites trouvées à Fribourg*. Revue du XVIe siècle, t. XI. Champion, 1924.<Tirage à part : Champion 1924.>
- BECKER-HO (Alice) : *Les Princes du Jargon.* Gallimard, 1993.
- BÉROALDE DE VERVILLE (François) : *Le Moyen de parvenir.* (Hélène Moreau et André Tournon.) Université de Provence Aix-Marseille I, 1984. <Fac-similé à part.>
- BOSSUAT (André et Robert) : *Deux moralités inédites composées et représentées en 1427 et 1428 au Collège de Navarre.* Librairie d'Argences, 1955.
- BOSWELL (John) : *Christianisme, tolérance sociale et homosexualité.* Gallimard, 1985.

◆ BOURDIGNÉ (Charles de) : *La Légende joyeuse de Maistre Pierre Faifeu.* (Francis Valette.) Droz, 1972.

◆ BURGER (André) : *L'Entroubli de Villon.* Romania, t. 79. 1958.

◆ *Le Cabinet satyrique*, 2 vol. (Fernand Fleuret et Louis Perceau). Paris, 1924.

◆ CHAMPION (Pierre) : *François Villon. Sa Vie et son temps.* 2 vol., 1913-33 <Presses-Pocket 1984, 1 vol.>.

◆ COHEN (Gustave) : *Recueil de Farces françaises inédites du XVe siècle.* 1949 <Slatkine 1974>.

◆ COQUILLART (Guillaume) : *Œuvres.* (Michael John Freeman.) Droz, 1975.

◆ DUFAY (Pierre) : *L'Enfer des classiques.* Éditions de la Nouvelle France, 1942.

◆ DUFOURNET (Jean) : *Nouvelles Recherches sur Villon.* Champion, 1980.

◆ *Le Franc archier de Baignollet, le Franc archier de Cherré, le Pionnier de Seurdre.* (Lucie Polak.) Droz, 1966.

◆ GUIRAUD (Pierre) : *Le Jargon de Villon ou le gai savoir de la Coquille.* [Avec fac-similé des *Ballades* I à VI.] Gallimard, 1968.

◆ GUIRAUD (Pierre) : *Dictionnaire érotique*. Payot, 1993.

◆ *Joyeusetéz, Facécies et folastres Imaginacions,* 18 vol. Techener, 1824-34.

◆ KOOPMANS (Jelle) : *Recueil de Sermons joyeux (XVe-XVIe siècles).* Droz, 1988.

◆ LARIVIÈRE (Michel) : *Les Amours masculines.* Lieu commun, 1984.

◆ *Manuscrit La Vallière.* (Fac-similé présenté par Werner Helmich.) Slatkine, 1972.

◆ LEVER (Maurice) : *Les Bûchers de Sodome.* 10/18, 1996.

◆ MARTINEAU-GÉNIEYS (Christine) : *L'Homosexualité dans le* Lais *et le* Testament *de François Villon.* P. 235-251 de *Conformité et déviances au Moyen Âge.* Les Cahiers du C.R.I.S.I.M.A., n° 2. Montpellier, Université Paul-Valéry, 1995.

◆ MOLINET (Jehan) : *Les Faictz et Dictz*, t. II. (Noël Dupire.) Société des Anciens Textes Français, 1936-39.

◆ MONTAIGLON (Anatole de) : *Recueil de poésies françoises des* XVe *et* XVIe *siècles*, 13 vol. [les 4 derniers avec James de Rothschild]. Jannet, 1855-78.

◆ NELSON (Ida) : *La Sottie sans souci, essai d'interprétation homosexuelle.* Champion, 1977.

◆ PAPILLON DE LASPHRISE (Marc de) : *Les Premières Œuvres poétiques du capitaine Lasphrise.* 1599.

◆ *Maître Pathelin :* André Tissier, *Recueil de farces*, t. VII. Droz, 1993.

◆ PERCEAU (Louis) : *Le cabinet secret du Parnasse : Théophile de Viau et les libertins.* Au Cabinet du Livre, 1935.

◆ PICOT (Émile) : *Recueil général des Sotties*, 3 vol. S.A.T.F., 1902-12 <Johnson Reprints, New York, 1968>.

◆ PINKERNELL (Gert) : *Villon und Ythier Marchant.* Zeitschrift für romanische Philologie, t. 91. 1975.

◆ *Farce de la Pipée*, 2 vol. (Michel Rousse.) Centre de Télé-enseignement de l'Université de Haute Bretagne, Rennes 2 ; 1972.

◆ SAINÉAN (Lazare) : *Les Sources de l'argot ancien.* 1912 <Slatkine 1973, 1 vol.>.

◆ SAINT-GELAIS (Mellin de) : *Œuvres poétiques françaises*, t. I. (Donald Stone). Société des Textes Français Modernes (Klincksieck), 1993.

◆ SICILIANO (Italo) : *François Villon et les thèmes poétiques du Moyen Âge.* Nizet, 1967.

◆ *Deux recueils de Sottes chansons.* (Arthur Langfors.) 1945 <Slatkine 1977>.
◆ *Recueil Trepperel.* (Fac-similé d'Eugénie Droz.) Slatkine, 1966.
◆ VIGNEULLES (Philippe de) : *Les Cent Nouvelles nouvelles.* (Charles Livingston.) Droz, 1972.
◆ ZIWÈS (Armand) et BERCY (Anne de) : *Le Jargon de Maître Villon.* Waltz et Puget, 1960.

◆ *Manuscrit de Stockholm : Le Petit et le Grant Testament...* (Fac-similé présenté par Marcel Schwob.) 1905 <Slatkine 1977>.
◆ Édition de Pierre Levet : *Le Grant Testament Villon et le petit...* (Fac-similé.) Slatkine, 1967.

Mille et une nuits propose des chefs-d'œuvre pour le temps d'une attente, d'un voyage, d'une insomnie…

Dernières parutions

La Petite Collection : 184. Aziz CHOUAKI, *Les Oranges.* 185. ÉPICURE, *Lettre sur l'univers.* 186. Franz KAFKA, *Le Terrier.* 187. Arthur CONAN DOYLE, *Le Visage jaune.* 188. François VILLON, *Ballades en argot homosexuel.* 189. VOLTAIRE, *Candide ou l'Optimisme.* 190. Nicolas GOGOL, *Le Nez.* 191. Arthur SCHOPENHAUER, *L'Art d'avoir toujours raison.* 192. CASANOVA, *Le Duel.* 193. Gustave FLAUBERT, *Mémoires d'un fou.* 194. Jonathan SWIFT, *Instructions aux domestiques.* 195. OVIDE, *L'Art d'aimer.* 196. BOSSUET, *Sermon sur l'ambition.* 197. Vladimir MAÏAKOVSKI, *Un nuage en pantalon.* 198. Karl KRAUS, *Aphorismes.* 199. *La Genèse.* 201. CYRANO DE BERGERAC, *L'Autre Monde ou les États et Empires de la lune.* 202. Marcel PROUST, *Les Plaisirs et les jours.* 203. Virginia WOOLF, *À John Lehmann. Lettre à un jeune poète.* 204. Rudyard KIPLING, *Tu seras un homme, mon fils* suivi de *Lettres de guerre à son fils.* 205. Anthony BURGESS/Isaac Bashevis SINGER, *Rencontre au sommet.* Coédition ARTE Éditions. 206. John LOCKE, *Lettre sur la tolérance.* 207. Charles BAUDELAIRE, *Les Paradis artificiels.* 208. Viktor PELEVINE, *Omon Ra.* 209. Camillo BOITO, *Senso.* 210. Georges SIMENON, *Police secours ou Les Nouveaux Mystères de Paris.* 211. NOSTRADAMUS, *Les Prophéties.* 212. Vincent VAN GOGH, *Dernières Lettres.* 213. Raymond RADIGUET, *Le Diable au corps.* 214. Fiodor DOSTOÏEVSKI, *Le Joueur.* 215. LU XUN, *Tempête dans une tasse de thé.* 216. Jerome CHARYN, *Une romance.* 217. Paul GAUGUIN, *Noa Noa.*

Les Petits Libres : 15. Pierre-André TAGUIEFF, *La Couleur et le sang. Doctrines racistes à la française.* 16. Gérard GUICHETEAU, *Papon Maurice ou la continuité de l'État.* 17. Guy KONOPNICKI, *Manuel de survie au Front.* 18. Marc PERELMAN, *Le Stade barbare. La Fureur du spectacle sportif.* 19. Toni NEGRI. *Exil.* 20. François DE BERNARD, *L'Emblème démocratique.* 21. Valerie SOLANAS, *SCUM Manifesto.* 22. Shigenobu GONZALVEZ, *Guy Debord ou la beauté du négatif.* 23. Serge MOATI/Ruth ZYLBERMAN, *Le Septième Jour d'Israël… Un kibboutz en Galilée.* Coédition ARTE Éditions. 24. Georges BENSOUSSAN, *Auschwitz en héritage ? D'un bon usage de la mémoire.*

Pour chaque titre, le texte intégral, une postface, la vie de l'auteur et une bibliographie.

Éditions Mille et une nuits 94, rue Lafayette 75010 Paris.
e-mail : info@1001nuits.com

Achevé d'imprimer en août 1998,
sur papier recyclé Ricarta-Pigna par G. Canale & C. SpA (Turin, Italie).